当心理咨询遇上传统文化

刘天君　著

中华书局

如果你习惯于*still thinking*，

　　你在心理领域驰骋……

如果你尝试着*stop thinking*

　　你开始步入了传统……

徐俊女士在工作之余将录音稿转为文字稿，在此表示诚挚的感谢！

序：用心理学搭起中西健康文化沟通之桥

　　初识天君兄是在1988年，他来成都进修三个月，专门找华西医科大学华西医院精神科何慕陶教授学习、切磋心理治疗。我那时是何老师的硕士研究生。自此以后，我们因心理治疗的缘分而有很多交集。这次他将有关东西方文化及其与心理治疗的关系的讲座结集成书，邀我写序，我欣然应允。

　　相识30年来，我很敬佩天君兄在现代社会里呈现的仙风道骨，欣赏他深刻、细致的思想，甚至在临床上还会使用他提炼出来的一些心理治疗方法。如果要用一句话来概括对于心理健康领域的贡献，我首先会想到他在融会贯通中西医及东西方心身健康文化方面起到的桥梁作用。

　　联想到心理学作为"桥梁"这个隐喻，正是因为心理学横跨自然科学、社会科学和人文科学的独特学术地位，可以将东西方处于不同文化源流、不同学术范式、不同发展阶段的与健康相关的理论体系，置于一个更广阔的视野里进行观察，可以让观察者转换视角去鉴赏、体会来自不同参照系的宝贵经验。这些经验在各自的文化体系里都是可以自洽的，有自圆其说的底气，但在离开自己的语境，与其他文化体系的经验际遇时，不免产生摩擦和冲突。

对于一些深受现代科学影响的中国人来说，中国传统文化中关于修身养性、祛病健身、益寿延年的理念正在逐渐成为不易理解的抽象言辞，或是莫名其妙的象征性符号；有关的疗病养生方法也在一些人眼中变得陌生或怪诞。不过，也有一些人还在深情守望这片精神家园，不少人身体力行，中医中药还有大批的拥趸。这样一种"文化断裂"或"文化对立"的现象，好像已经不限于中国人与外国人之间的不可理喻，而是已经融入中国人当中，如中医与西医之间、中医拥护者与西医拥护者之间因气功、治疗性药物、保健养生产品等等而产生的针锋相对的论战，以及更多见于社交媒体里的对骂。这些具体层面的信息互换，缺乏对宏观文化框架和深层文化心理的把握；就事论事的讨论，往往没有使双方信服的结论。

本人是受西医教育、训练的精神科医生。如果没有学习心理治疗，很可能会成为一名经常要与中医"叫板"的"斗士"。反过来说，同样的可能性会发生于天君兄这位中医身上，如果他没有在30年前像深入虎穴般来精神科探个究竟。

我在1990至1993年期间，去了德国学习系统家庭治疗，在德国多看了些西方人的东西。在此过程中，我感到不学习一点中国文化，简直没有办法把洋人的东西移植到中国来。于是就在德国的海德堡思考系统思想与东方文化的关系，在博士论文里讨论了在中国社会文化背景下从事心理治疗所需要的文化意识与文化适应能力。而在天君兄这一边，20世纪90年代也是他苦苦思索气功养生文化的心理学机制的关键时期。在那段时间里，他出版了许多著作，提出了一些颇具影响力的观点，印象较深的有他对"具象思维"、"意识层次"，以及对调心、调息、调身方法的"三调合一论"。可以说，尽管我在医学院学过两个学期的中医学课程，读过一些大家的著作，已经对中医心理学有了足够的尊敬，但更重要的还是由于有他这个具体而亲近的存在，使我不再敢小看中医。

　　1997年，我受中德双方项目负责人的委托，负责实施"中德高级心理治疗师连续培训项目"，也即后来闻名于世的"中德班"。这个项目的行为治疗培训内容，包括了催眠治疗。于是我首先想到要邀请天君兄来参加。他在两年多的培训里，跟随德国著名教授Dirk Revenstorf等人，深入了解、体验了西方的催眠治疗。随后，他的论著里出现了用西方术语对传统养生疗病术的论述，以及用中医概念解说西方催眠治疗的观点。在实践层面，他提出了著名的"移空技术"。

我对这个基于中式功法，结合西式催眠技术而开发的心理治疗方法很感兴趣，曾亲自带一个博士生从上海来到北京参加他的学习班。随他学习时，我欣慰地看到，他不仅是一位学养深厚的学者，也是一位能够贴心地、智慧有效地帮助人解决心理问题的临床专家。

天君兄温和、谦逊的为人处世风格，为一众"圈内人"所津津乐道。他曾在东北的北大荒经历过长达七年的知青生活，炼狱般的生存考验没有磨灭他精神升华的意志。我曾经好奇，他在近三十年来浮躁的学术氛围里，尤其是在一些人利用气功在社会上兴风作浪、大发其财的热潮中，何以保持清高的追求？原因肯定有很多。有一次到他堆满了书的家去喝茶，了解到了一点家学渊源，可以算作是一种解释吧。那天看到墙上有一幅中国佛教协会会长赵朴初老赠予他岳父的字，才得知他岳父做过赵老的助手，而且是《新华字典》早期的主要编写人员之一。那一代人出书不留名，编了世界上发行量最大的一本字典，却一分钱稿费没有得到过。作为家庭治疗师，我本能地感受到了精神文化传承的力量。看来，传统文化的传承、发扬光大，需要深深地浸润于肥沃的家庭、社会土壤中，从中汲取天然的滋养。

这个序可以说写起来很容易，因为我自从接受了这个任务就在打腹稿了，可以算一气呵成。但也可以说写得很不容易，因为我看了一遍电子版的稿件后，觉得容量极大，而且又有了很多新的思想，来不及一一消化，所以也就不敢点评了，就交给各位亲爱的读者自在地去欣赏吧！

赵旭东

同济大学医学院教授

中国心理卫生协会副理事长

世界心理治疗学会副主席

2018年10月28日写于上海，书香公寓

自　序

　　此书不是一本规整的学术著作，是根据微信讲座《传统文化与心理咨询十讲》的录音加工整理而成的文本。如此成书的好处是比较口语化，可读性强，通俗易懂不觉枯燥；不足之处则是推理与逻辑未必严丝合缝，即兴的联想时常融入其中，章节段落比较松散。鉴于出版此书的目的是为喜爱传统文化与心理咨询的初学者提供学习门径，重在提出方向与需要注意的问题，所以虽然行文不尽如人意，也就不刻意去推敲文字了。

　　中华传统文化博大精深，浩如烟海；现代心理学经过近二百年的发展，如今也已树大根深，枝叶繁茂。要在这两者之间架一座桥梁，做一些对照的解说，难度不言而喻。而且一个小时左右的讲座，只能在大海中舀几勺水，在大树上摘几片叶，然后稍作展开，略述舀海水与摘树叶在目的、方法和技巧上有哪些不同，又有哪些相通之处。然而，尽管取材与讲解都仅是只言片语，挂一漏万，但对于初学者而言，还是有可能由小见大、举一反三，对传统文化与心理学有些新的视角和理解，对不同文化体系的世界观与方法论特点有所瞥见。本书的每一讲都是一个独立的专题，十讲合起来又有一定的系统性，所以通读或只看感兴趣的章节悉听尊便，不必拘泥。

《传统文化与心理咨询十讲》的微信讲座播出后，受到好评，索求文字稿的听众不在少数，于是有了结集成书的想法。我的学生徐俊在完成本职工作之余，花数周时间将录音稿转成了文字稿。我再对文字稿做些加工，调整若干段落顺序，删去口头语和重复的字句，加上了分节的小标题。从字数上看，每一讲大约删去了三四千字，总体上基本保持了十讲的原貌。

在与本书的责任编辑交流定稿过程中，我感到中华书局的选题目光长远、汇古融今，把握了时代的脉搏。放眼当今世界，不同文化和文明的发展格局正在发生深刻的变化。能够在这样一个历史时期，为中华传统文化的发掘与建设尽绵薄之力，是我的荣幸。

刘天君

2018年8月于北戴河

目　录

不同的自我成长：心理咨询的
个人体验与佛道修炼的境界升华

　　心理咨询的个人体验，无论是哪个流派的个人体验，与佛家道家的修行，基本上是两回事，不在同一个层面上，是两个不同层次的自我成长。前者在小我，后者在大我。

很高兴和大家一起探讨关于自我成长的话题。其实，心理领域的个人体验和佛家道家的境界升华，广义地说，都是以促进个体自我成长为目的，所以根本目标是一致的。但是我认为，心理咨询的个人体验，无论是哪个流派的个人体验，与佛家道家的修行，基本上是两回事，不在同一个层面上，是两个不同层次的自我成长。在咱们这个微课上，听课的人大部分是搞心理的，所以我主要用心理学的语言来讲，实际上佛道的修炼有它自己的语言，这两种语言体系的概念，并不能够真正的等同。

　　就说自我成长的"自我"两个字，心理学的自我和佛家道家的自我是两回事。佛家不认为自我是真的，说一切都是幻象，自我也是幻象。一个概念中可能有一部分是心理学含义，又有一部分是佛道的含义。希望大家能够理解，在对比东西方两种文化的时候，许多基本概念看上去相似甚至相同，其实是有歧义和差别的。

一、心理咨询的自我成长在小我，佛道的自我成长在大我

先说小我，小我就是心理学的自我。心理学关于自我的基本含义，就是个体对自身存在状态的认知，也就是说，是自己能够意识到的、感知到的自己身心状态的一些现象，比如说自我意象、自我评价、自我认知等等。

心理学的各家大都把这个自我分成两部分，一部分是主动去认识的部分，另一部分是被认识到的部分。按照詹姆斯的话说，分成经验自我和纯粹自我；按照罗杰斯的话说，就是现实自我和理想自我；按照米德的话说就是客我和主我。心理学中自我的这两个部分都在意识之中，合起来就是对自己存在状态的认知，也就是自我。

心理学的自我和人格非常像。学过普通心理学的都知道，它开始是讲知、情、意，后面讲个性心理特征，也就是人格。人格就是个体知情意的不同组合，有什么样的深度，有什么样的广度，有什么样的相互关系。这些差别也就是每个人的人格。我认为所谓自我，就是人格的主观化，或者说就是主观化的人格。

各家各派的心理学，始终都把人格作为研究的核心问题之一。可以说，心理学最终要回答的，就是如何描述和如何完善人格。人格包括主观和客观两部分。这个人怎么样，外

人看他怎样，他自己觉得他怎样，两者差别很大。自我是个人自己感觉和认识的人格，是人格的主观化或主观化的人格，也就是自己对自己的存在状态的认知。这大体就是心理学自我的含义，在这个讲座里，就把它当作小我。

小我是和大我来对照的。大我是佛道修炼要到达的那个境界。实际上，用大我这个词并不精确。为什么呢？因为佛道修炼达到的是无我状态，这个状态本身并没有人格特征，所以要说它是"我"，其实并不合适。但如果要说它是无我，小我和无我就没办法做比较。为了做比较，我就把这个无我状态称作大我。这么称呼也不全错。因为无我的范围，无论如何也比有边界的小我要广阔的多，所以它确实要比小我要大。在这个含义上，说它是大我，并没有什么不对。

这里有个关键问题：这个大我没有人格特征，所以它和小我不是一个层面的问题。按佛家的观点，这个大我全人类总共只有一个，任何人修到大我，境界都一样，它没有人格特征。按佛家修四禅八定修到九次第定，或者按道家修到炼神还虚、炼虚合道的空无境界，所有人都是一样的。

传统文化的修炼和心理学的自我成长方向不一样，传统文化是往无我的方向，心理学是朝小我完善的方向。现代心理学的自我成长是想办法把小我弄得很完善，但是传统修炼是把小我弄没了，这两个方向可以说截然相反。不接触传统文化的修炼过程，没有自己实修的切实体验，很难理解怎么会把小我弄没了。

记得在2003年，我去德国做心理学访问学者的时候，在图宾根大学和德国教授们探讨自我问题，我讲的和今天讲的大体一致。我认为心理学修的是一个完善的自我，心理学的自我成长也就是这个意思，但是我们传统文化修炼的不是这个自我，是修到无我的状态。

于是一位德国教授半开玩笑地问我：这小我要是没了，那我老婆怎么办？我的房子怎么办？我的车子怎么办？虽然是半开玩笑，但是我觉得他的担忧是真的。从心理学角度，无我或大我不太容易理解，而且实际上它也没有什么可以被理解的，因为大我里没有具体的内容。大我的问题需要反复讨论。我这里想说明的，是心理学个人体验的小我的自我成长，和佛道修炼的大我或者无我的自我成长，是本质上不相同的两回事。

二、小我的成长按自我意识的发展阶段，大我的成长超越自我意识

心理学的自我成长是小我自我意识的成长，它的成长过程按照自我意识的发展阶段进行。大我的成长超出自我意识之外，它是达到无我的状态，是一个纯粹的没有内容的意识

状态的发现和进入。这个过程和小我的成长过程完全不一样。

心理学的自我意识或者说是自我的形成过程，可以大体分为萌生、成型、发展、完善四个时期。一个人形成一个完善的自我，大概需要二三十年或更多。有些心理学家划分得更细，例如埃里克森的自我意识发展是从零到六十五周岁，分八个阶段：婴儿期，儿童期，学龄初期，学龄期，青春期，成年早期，成年期，成熟期。每个阶段都有不同的自我成长内容。

在埃里克森的发展阶段里，最重要的、最长的时期就是成年期，它从二十五到六十五岁。这个时期自我比较专注，也比较完整。自我发展比较好的人会形成积极的自我，能够关心他人，并能够创新，也就是他的自我意识和他的独特性能够充分地展现出来。如果自我发展不好，会成为一个自私自利的人，自我也完整，但完全从自己考虑。到六十五岁以后，进入成熟期，两种发展方向不同的自我就不一样了。自私自利的人会有一种绝望感，因为他知道他离开世界的时间比较近了，整个自我存在的状态不一样了，会朝逐渐绝望或者无意义的方向发展。但如果是前几个阶段的自我都发展很积极的人，这个时期就会很有智慧，他也知道整个一生就要过去了，但能够理智清醒、不为消极情绪所左右。这就是不同年龄阶段的自我，有不同的成长内容。

埃里克森的这个发展过程，开始于儿童三到五岁时发展起来的自主感，也就是自我开始形成，到二十五岁以后，才真正地形成。其中青春期的时候，会有很多毛病出来，不管是客观环境还是主观认知没弄好，都会出现很多心理矛盾。我们解决心理问题，就是解决来访者自我内在的冲突，自身和外界相处的冲突，也就是帮助来访者完成他的自我成长的过程。这要按照来访者的社会生活经历、年龄发展阶段进行。年龄发展阶段，好像是硬件，决定了内在可接受变革的范围。

而大我的修炼，佛道修炼境界的提升，不分这些阶段。它也有分层，但不是按照生活经历，也不是按照年龄阶段，而是看能不能够超越小我意识。从历史上看，一些人的小我从心理学角度看并不完善，或者说不太完善，至少达不到马斯洛说的"自我实现"，但是大我达成了。

春秋战国时期的老子，你说他小我完善吗？很难说。他一辈子没有什么可歌可泣的事迹，当个管理图书的小官，最后，骑着个青牛出了函谷关，不知所终。那本《道德经》是出关的时候，守关长官关尹，说你非得写点什么，要不写的话我就不让你走，逼着他写了五千字，当然这只是一种传说。但是，《道德经》虽然是杰作，好多人看不懂，也就没有受到应有的重视。所以从小我来说，你不会觉得他是得到充分自我实现的人。

佛陀就更让人不可思议了。好好的王子放着不当，只是因为出行中看到城外穷苦人的生活状况，觉得受不了，就自个儿离家出走了。他认为如果没有解决终极问题，一切都没有意义，于是放弃了继承王位，跑去苦行。苦行了十几年后，又觉得不对，需要另找路，就在菩提树下坐了七天七夜，一直坐到开悟。

这从心理学的小我来看，甚至可以说不太正常。所以说大我的考核标准和小我的考核标准不是一回事。不能够用小我是否完善去衡量大我，但是反过来，如果大我很完善，会影响到小我，这在讲下一个问题的时候会说到。

大我怎么提升？准确地说，这个提升过程超越语言，难以用语言表达。为什么呢？因为大我表达不清楚，或者说，它根本就没有什么可表达的。刚才说过，大我是无我，无怎么可以表达呢？一表达不就变成有了吗？那本来是一个意识的空无，空空如也的状态，你非得说它是一个什么状态，不就是把它变成有了吗？这个表达就错了呀！所以一说就错。但是不说呢，别人就没法理解，所以还得说。于是乎表达本身就成为一个很大的矛盾。所以表达大我确实是有很多困难，不能像表达小我那样明确。

当然，理解大我也比小我困难，想想看，无的境界有什么可供理解的吗？尤其对学心理的人，理解大我是个难点。

心理学没有这样的问题，心理学研究的都是能表达的问题，都是可以用语言文字说清楚的问题，所以小我可以表达得很清楚，大我就不然。

记得有部佛经说过：法无喻不立，这个喻是比喻的喻，就是说佛法得用比喻才能说，不比喻就说不清楚。也是因为佛道修炼的境界不能直接表达，流传起来就比较慢，真正懂的人也不很多。

唐代的《华严金狮子章》记叙了《华严经》的译者法藏给女皇武则天讲述佛法要义，讲来讲去武则天也听不明白，他就想了个主意，指着皇宫门口的金狮子说：我拿金狮子做一个比喻。金狮子是用金子做的，把金子做成狮子的形状，很多金狮子各不相同，就是一个个小我。但金狮子都是金子做的，金子本身就是大我。要衡量金狮子的价值呢，就有两个部分：一部分是雕铸的技巧，一部分是金子的纯度。

提升金子的纯度就是提升大我。甭管哪个狮子，大狮子小狮子，公狮子母狮子，只要是金子雕铸的狮子，金子的成色也就是纯度越高就越值钱，九五的金和九九的金，那就差很多呀！这个部分就是金狮子本质的部分，是大我。因为所有的狮子都是金子做的，所以说到大我，所有的金狮子都是一样的。只要抓住金子这一本质，就可以统摄所有的狮子。所有的狮子烧化了以后，全是金子，形状构成的小我就没有了，只剩下统一的、唯一的大我。小我是雕铸出的狮子的形状、形态，可以雕铸得栩栩如生，可以雕铸得每个狮子都不一样，形成每个狮子的个性。雕铸本身也有价值，但雕铸的价值和金子成色的价值不是一回事。对金狮子的这种理解，大体上就相当于对小我和大我的理解。

回到我们的话题，心理学研究的就是怎么雕铸狮子的技巧，没有研究金子的成色，也就是没有研究意识的本质，而是研究意识的现象。所以它是现代科学的研究方法，不是传统的。小我和大我的成长方式有很大差别，不是同一个方向、同一种技术，而是两个不同的领域。不知道这个出自《华严经》的比喻，是不是从某一个角度，能让大家加深对大我小我对比的理解。

三、先发展小我才能发展大我？二者的发展有何不同要求

听了刚才讲的内容大家应该能够猜到，不需要先把小我发展成熟，再发展大我。小我的意识再成熟，也不会自动发展成大我。但是反过来，大我的意识如果成熟的话，则会改变小我的意识内容和结构，它会对小我产生影响。小我意识发展到极致的时候，就是极强的个性，能够面对和解决自己生活中的问题。例如许多在各个领域有成就的人，女强人和

硬汉也可以算。当然，穷乡僻壤的孤寡老妪、时运不济的落魄书生也并非不能具备成熟的小我。

但真正的大我成就，不是小我的，不是马斯洛说的自我实现。大我所实现的根本就不是自我，因为大我没有人格因素，它到达的是天人合一，是和宇宙存在本身的融合。这个融合和小我风马牛不相及。刚才说到的老子和佛陀，他们所追求的不是小我的自我实现。他们想达到的是更高一层次的或者是更深一层次的实现，即天人合一的实现。

现在在陕西终南山上大概还有不少的修炼者，他们大多是在实践大我的修炼。一位美国人比尔·波特的书《空谷幽兰》，描述作者在1978年前后，到山里面去寻找这些修炼者时，发现有些人几十年没有出过山，对山外的事情一无所知。真是"不知有汉，无论魏晋"。

记得前不久看到过一则微信，一位访客对终南山修行的一位尼姑说：我给你照张相吧。尼姑就说了一句，淡淡的那么一句：我们难道还不是常常都在相中吗？她说这话什么意思呢？她表达了自己所追求的境界是无相的，无形的。照相，不就是在追求相吗？但这个意思要是不从修炼角度出发，会觉得根本不可理解。那个无形无相的，就是大我。

大我的修炼程序，不是按年龄来划分，而是按照修炼的深度，比如说佛家的四禅八定，就是初禅、二禅、三禅、四禅，然后是空无边处定，识无边处定，无所有处定，非想非非想处定，受想灭尽定，一共九个层次。这九个层次可以看作是小我逐渐消失到无我的层次，和小我是否完善没有关系，它完全是另外一个方向。为什么说小我的发展影响不了大我，而大我的发展影响小我呢？因为大我的范围比小我大，它到达了意识的更深层次。到达之后，按照现在的话说，人的"三观"会发生变化。个人的追求，比如名利思想，会弱化，会觉得不重要。这是一种观念上的变化，这种变化会影响到小我的自我结构。

我见过一个人，他有一段时间练功练得特别好，身心状态都有很大改变。他说：我大早上起来就想，我要那么多钱干嘛？我人缘挺好，要是没饭吃，到谁家吃口饭都没问题。我应该把单位给的钱，兜里的钱，都捐了。然后还一本正经地和老婆商量捐钱的事。这不是说他已经修成了大我，也不是说修大我都修成这样，只是说大我的修炼过程会影响三观的发展，对小我产生一些影响。

弗洛伊德的自我超我，与马斯洛的自我实现有差别。但总的说来，都是顺应人的生理和社会需求，完善人的生理需要和社会需要。而大我追求的不是完善个人的愿望或者社会需求，而是满足人最终极的、作为一个生命存在的宇宙属性，是去实现人在宇宙中的生命存在。个体存在、社会存在、宇宙存在有宽窄的不同，有视野大小的不同。这三种存在实现程度的变化会影响人的三观。这里需要说明，大我小我的区分，并没有褒贬的含义，不是说大我比小我强，或者说小我比大我强。只是二者范围不同，深度不同，大我修行更深更广，跳出了个人的生物属性和社会属性，到达了宇宙存在本身的属性。而深入大我之后，人会获得更大的满足，这种满足是在小我成长当中体会不到的。

例如修四禅八定，修到三禅的时候，佛经上描述说会感觉到一种彻头彻尾、彻里彻外的快乐。那种快乐的特点是什么呢？没有原因，是无缘无故的快乐。日常生活中的快乐，肯定有个原因，比如说，交了个好朋友，或者得了一大笔钱，你就快乐。大我的快乐没有原因，是你充分放松身心之后，体会到作为一个宇宙间存在的快乐。存在本身就是快乐的，和外界其他没有关系。这种快乐在生活中体会不到，如果不进到那个深度，永远不可企及。

小我是人格的成长，注重的是每个人的差异，大我的成长，注重的是人的存在的共性。佛家说，佛性人人平等，不问贫富，就是强调共性。当看到人的共性较多的时候，看差别就少了。但反过来，如果看差别性很多，可能就看不到共性了。所以大我可以影响小我，但小我影响不到大我。

大我的修行对生活状况是否有要求？我觉得小我的成长

比大我的修行要求多。大我修行没什么要求，老子、佛陀修行的时候都很简朴。佛陀开始苦修时，每天化缘吃饭，要求很少。小我成长倒是有很多要求，例如马斯洛说的那些需求。

记得我上小学的时候学过一篇课文，有两个和尚，一穷一富，都打算到南海去深修佛法，富和尚说我得准备准备，买条船再走。穷和尚马上抬腿就走了，他说拿一个喝水的瓶子、一个要饭的钵就足够了。过了几年，穷和尚已经学回来了，富和尚还没上路，还没准备好呢！

至于和生活阅历的关系，我觉得在年轻的时候，很少有人能够直觉地理解到修行大我的必要。有了一定生活阅历后，才可能会知道小我再完善，也有很多问题解决不了，尤其解决不了人生的终极问题。如果要解决所有问题，还得去向深处找答案，那就必须涉及大我。心理学解决的问题，大部分与生活相关，而大我解决的问题与生存相关。这两者不同，生活问题是说你生活中有什么矛盾，有什么解决不了的具体问题；生存问题，是说你的生命存在有什么意义，你这个人活着到底为什么。

这个问题小我解决不了，需要触及意识的更深层次，于是往大我那个方向修炼的必要性就出现了，这个时候也才可能开始修行。如果还处于解决生活问题，为衣食住行疲于奔命的时候，那么还涉及不到寻求大我。即使内心深处有隐约的需求，也只能先放在心底。所以往往是年岁比较长的人，才有这种需求，才感觉到这种需求。

四、大小我的成长或有重合部分，可以在一定阶段同修

比如现在心理学流行的正念系列疗法，包括正念减压（MBSR）、正念认知（MBCT）、接纳与承诺（ACT）、辩证行为（DBT）等疗法，这些疗法的核心技术都是正念，在我看来，正念是用大我修行的一部分技术来改善小我的人格，是从大我的修炼方法里找了些内容用于心理咨询和心理治疗。这是反向的本土化。我们说的本土化是把西方的学术变成东方的，西方也要本土化，就是把东方的学术变成西方的，所以说是反向。正念疗法，就是西方对东方学术本土化的一个标本。

正念最初来自佛教的"八正道"，八正道是正见、正思维、正语、正业、正命、正精进、正念、正定。"八正道"就是八种修道的方法，正念是"八正道"之一，西方的心理学家和生理学家把正念的概念和修行方法从佛法里提炼出来，剥离了其中的宗教成分，发展出多种以正念的修炼方式为基础的心理疗法，用于治疗焦虑、抑郁、强迫等神经症，解决情绪问题，也用于人格障碍、成瘾、饮食障碍、人际沟通、冲动控制和压力管理，疗效不错，获得肯定和好评。

那么正念的主要技术是什么呢？非常简单，就是没有评价、不逃避，也不刻意地去关注呼吸、身体、声音或者思想。这个技术是从佛法里来的，如果用佛家的术语来说，就是去觉察身体、呼吸、思想、声音的本来面目，就是如其本来的觉察。

正念就是要如其本来地去觉察这些事物。这样的觉察怎么操作？就是不刻意、不逃避、不评判，只是觉察，不带任何杂念的觉察。

刚才说过自我有两个部分，一个是去认识的部分——主我，一个是认识到的部分——客我，这两个部分如果不平衡，就会出现问题。做正念觉察的时候，主我和客我之间能够慢慢平衡。原来的冲突出在主我总是刻意地去评判客我，对客我形成干扰。如果不去评判，干扰和冲突消失了，主我和客我平衡了，人格平衡了，自我就平衡了。

所以正念技术的核心是：自我完全接纳被观察部分，让去观察的部分不对被观察的部分做出反应，即追求这两部分意义上的平衡。平衡了就没有矛盾，问题就解决了。这种解决问题的方式有点佛家色彩，不太像心理学，因为没有去分析问题，不关心问题的起源、过程或者结果，甚至没有确定是什么问题，只是完全接纳。当然你可以说，人本主义疗法也有这个意思。但它与正念有差别，人本疗法专门有一讲，到时再说这个问题。

为什么说正念系列的疗法是小我成长的技术呢？因为这些疗法中的正念只是一种操作活动，它的核心是把意识分成了主我和客我两个部分，让去观察的一部分和被观察的一部分和谐，这两部分构成的就是小我。

佛学本身的正念修行并不止于此，它要去追求大我。大我不是主我或者客我，不是你意识到的你的存在方式，也不是你主动去认识的意识部分，而是能够同时意识和容纳这两部分的意识。大我是能够包容和消融整个小我的那个意识，不是小我的去认识的部分，也不是小我的被认识的部分，而是能够意识到这两者的那个意识。

因为它能够同时意识到这两者，所以它既不是这种，也不是那种。

正念的修法，可以有两个方向，一个方向是现代心理学用的方式，把它用作心理疗法，让它调整小我范围之内主我和客我的不平衡。有很多研究报告说明，正念疗法有效，它能够解决问题，这是真的。但如果是修大我，不是这个方向。修大我根本不去在意小我两边是不是平衡。要在意的是：谁在觉察这两边的不平衡，即谁在觉察小我的主我部分和客我部分的不平衡，要回到那个能够觉察的地方。那里的深度比小我大，它能够包容小我的两个部分，而且可以认为，小我的两个部分是从那里边诞生出来的。

所以正念修炼，往大我走、往小我走都可以，起修可以是共同的，但深度不一样。向小我走，就去追求观察部分和被观察部分的平衡，或者用正念的办法，完全接受就行了。但这个接受不是说它对或者错，而是不评价，去包容，于是认识的部分和被认识部分的矛盾没有了，冲突消失了，小我的问题就解决了。

更深一步呢？小我的两边都平衡之后，它的背景就该显现了，那就是大我。但是如果不意识到这深入的一步，还是进不了大我。这个进入需要跳跃，不能直接过渡。大我一开始就不关心小我两边的冲突，能够包容它们，真在大我上立住了，小我这两部分根本折腾不起来。然而，修炼过程必须得有实践和体验才行。

大我是一个没有内容的事物，超出了心理学范围，心理学是语言能够表述的学问，大我不在此列。其实不仅是心理学，所有的学科都必须能表述才行。大我由于没有内容，是无我，故没什么可以表述。因此，进入大我就需要跳跃，跳出去了，才知道什么是无可表达。如果你修炼到达了一个用语言不能表达的境地时，大概就有一只脚迈进了大我之门。

大我和小我在日常生活里能不能共存？这个问题实际上只有修到了大我才可能出现。有一位开悟的禅师说过这样一个比喻，意思是人的生活应该在大我里，小我就像是一顶帽子，该戴的时候就戴上，该摘的时候就摘了，要是下雨就戴上，要是太热就摘了。也就是说小我还是有的，要根据社会生活的不同环境，为人处事的不同需要而出现，否则没办法待人接物。

日常生活里，小我是需要的。就像那位德国教授说的，老婆孩子车子还都在呢，需要如常应对。真正进入大我之后，小我就像顶帽子，想戴上就戴上，想摘了就摘了。正如同你去上班，肯定有个人格面具，你回家还戴着面具吗？跟这个道理差不多。

五、问答

🦌 1. 可否从佛学和心理学的角度谈谈"活在当下"的意义？

这个问题提得很好。大家都说"活在当下"，到底什么叫活在当下？实际上真正抓住当下并不容易。当下是不能用语言表达的。当你说出当下这个词的时候，当下已经过去了，当下在你没说出的那一刻才存在。所以，当下本身不可表达。因此，如果你想活在当下，只有在大我里，小我里其实没有当下。再举个例子，前两天，我在北戴河教五行掌，五行掌要求每个动作做五遍。一个动作做五遍，就等于重复五遍，我要求大家做的时候，感觉每做一遍都是新的。我就问大家，这应该怎么做？问题提出以后，大家都给我许多回答，例如每做一遍有不同侧重，第一遍侧重调呼吸，第二遍注重调动作，第三遍注重调意念；或者第一遍我特别关注手，第二遍我特别关注腿；等等。所有这些回答应该都不错，但都没有在当下。那么这道题的标准答案是什么呢？如果你真正想一个动作做五遍，而且感觉每一遍都是新的，唯一正确的方法就是忘掉上一遍。如果你处在忘掉上一遍的状态，那就是当下，当下永远都是新的。

2. 大我要从佛家领悟，和儒家格物的区别是什么？

领悟大我不是都要从佛家，佛道儒都可以。格物可以有不同的格法，就像刚才说到正念，修大我或小我要看你朝哪个方向练习。同样都是格物，可以朝这个方向格，也可以朝那个方向格。说格物没问题，但格的方向不一样，结果就不同。佛家可以修成大我，道家也可以修成大我。佛家可以修四禅八定、灭尽定，道家可以修炼精化气，炼气化神，炼神还虚，炼虚合道。因为大我没有办法用语言表达，所以每一家就采用自家约定俗成的语言去记载和传播，其实各家承传的终极境界都大同小异，甚至都一样。有句话说"高僧不忌道"，就是很高成就的僧人不忌讳道士，他们都是同一类人。各家入门的方式不一样，达到的境界都一样，也包括儒家。

所以实际上修哪家都行，但要明了小我和大我的不同方向。

3. 怎么看待人人皆有佛性？

人人皆有佛性，在心理学意义上，就是说意识的本体大家都一样。或者也可以这么说：当意识没有内容的时候，每个人的都一样。这是佛家人人都有佛性的基本含义。现在所说的小我或意识内容，都是意识中的反映对象。大我是什么呢？大我是反映的本体。所以佛家把意识分成所见和能见。但这个所见和能见，又和小我的主我、客我有区别，不是小我中被认识的部分和去认识的部分，而是同时认识这两部分的本体。这个表述并不准确，但也只能这样说了，领会大意吧。

道家把意识分成元神和识神。什么是识神？识神就是认识事物的意识。什么是元神？元神就是stop thinking，就是思维停止时的意识。或者也可以这么说：识神就是元神的工作状态，元神就是识神完全静止的状态。这就可以理解，元神为什么不可描述，因为它没有内容，因为它不工作。识神就是意识忙活的时候，我们所说的意识流，都是识神，元神是意识流赖以产生的土壤。再说个比较通俗的比喻，元神就像放电影的幕布，识神就是放的那部电影。电影可以描述，幕布啥也没有，但是没有幕布，电影就放不成。幕布人人都有，没人缺少那块白布，而且大家的白布可能都一样，但是放的电影，每人不一样。人人都有佛性，可以简单地理解为每个人的白布都一样。当然你也可以较真，可以说不同人的白布也有点差别，这也成立。佛学讲的人人都有佛性，基本意思就是每个人的意识本体都一样。而且还认为，整个宇宙的意识本体也就在那里，但这是佛学观点，不是现代科学观点。

4. 感觉自己参加心理成长小组后，个性越来越强，变得越来越大胆，也能吵架斗嘴了，如果继续这样参加心理学的成长，可以修到大我的境地吗？

这和你参加不参加心理学小组，没有必然联系。关键是看你参加了以后，朝哪个方向修。你现在这个方式，可能就是修小我的方式。你个性越来越强，我猜想你原来个性可能不是很强，你想要完善你的个性，完善你的自我，就修得越来越强。这是你的目标，在心理学上应该没有问题。但是你反过来想想，你个性强，就能解决生活中的所有问题吗？就真的解决了你的心理矛盾吗？大我的修行不是这个方向。你还是参加同样的小组，但如果你修的不是越来越会斗嘴，而是越来越能接纳所有的人，这个方向就偏于大我了。不是越来越会斗嘴，并不意味着小我不强，或者也许比会斗嘴更强。斗嘴还是包容不了，不斗的时候才能包容。能包容不是更强吗？所以大我方向的修炼，可能比小我方向要更深一些。但有一个问题是，心理学的自我成长内容，没有大我这个方向，主要是修小我的完善。这可能就是西方心理学家现在往东看，要找正念之类方法的原因。

5. 很多人可能修行达到了大我的境界，但是回到现实中，现实问题会激发小我的问题，再想进入大我的境界又会很困难，这个要怎么办？

头一句话"很多人可能修行达到了大我的境界"，我好像没见着，也不太认可。有一点需要说明：大我境界不是通常所说的舍己为人，或者做好事，不是这个意思，这还是小我境界。大我境界是真正体会到人的存在根于宇宙深处，其目标不是自我实现，而是和宇宙融为一体。大我出现以后，是会做好事，但和普通的做好事不是一个含义。做的事情看起来可能一样，但方向不同，内涵不同。真的修行到大我状态时，其实没好坏问题。就像那个开悟和尚说的，你就在大我的境界里面，该戴帽子自然你就戴上，不该戴帽子，自然就摘了，没有什么好坏的纠结。如果有纠结，就说明还没修到。孔夫子说"从心所欲不逾矩"，就是说到那个状态后可以随心所欲，但是做的事根本就不会出边儿，使劲折腾也不出边儿。你的随心所欲之举就是当下现实最需要的那个作为。这才算是有修到了大我的意思。

6. 老师，您体验过大我吗？

这个问题有意思，有代表性，也经常被问到。问法有多种，比如有人就问：您到过大我吗？但是回答这类问题，会出现悖论，因此实际上不可回答。为什么呢？因为大我是无我，不具人格特征，没有我，也没有任何人在那儿，所以怎么回答都是错的：我不可能到过没有我的地方，也不可能在没有我的地方谈什么体验。我说我到过或体验过是错的，我说我没到过或没体验过也是错的。这个问题是从小我的逻辑推导出来的，大我不是这个逻辑，无法用这个逻辑回答。佛陀对待这种问题，也是笑而不答，不说话了。

这里还有个回答问题的效果问题。我说我到过或体验过，你并不知道我说的是真是假；我说没到过或没体验过，你也不知道我说的是真是假。也就是我的回答对你没有任何意义，你没有获得任何知识。那怎样的发问才可能有意义呢？那就是你也在修，你修到大我了，想看看我修到没修到。但到那个时候你就不问问题了。拈花微笑的故事大家都知道。佛陀在灵山法会上，手拈曼陀罗花给大家看，佛经上说："众皆默然，唯摩诃迦叶破颜微笑"，如此两人就交流完了，根本就没有用任何语言。然后佛陀才说："吾有正法眼藏，涅槃妙心，实相无相，微妙法门，不立文字，教外别传，付嘱摩诃迦叶。"拈花的含义，只有摩诃迦叶懂了，别人都没懂，佛陀的话是说给别人听的。所以，真正修成大我的人，可以不用语言，不问问题。

🦌 7. 为什么不会是从修小我过渡到大我呢？

这也不能绝对。从小我往大我走也行，不是不行。但现在心理学的自我成长，没有往大我的方向走，所以修不成大我。马斯洛的自我实现，是小我成长到头了，自我已经实现了，而且实际上已经有一点点超出了小我。大我就没有到头这一说，整个宇宙哪儿有头啊，没有头。还是刚才说过的，修小我和修大我，是两个不同的方向。修小我是让自我强盛，修大我是让自我消失，如何能从小我过渡到大我呢？除非从小我脱胎换骨，修成大我的时候，小我不复存在。当然我这看法也不一定对。修小我的路不能直接通向大我，但是，从小我起步可不可以呢？没有什么不可以，行。记得有一次去江西开会，我在一座道观里看到一副对子，觉得很有道理，说给你们听听，你们一听一笑就完了啊，别较真儿。那副对子是："歪门邪道也是道，左道旁门也是门"。就是说修行从哪个门进都可以，从哪条路走都行，条条大路通罗马嘛！但前提是大方向要明确。现在整个心理学的方向是小我，大我的方向找不到呀！我说不行因为方向不一，不能直接对接，并不是说从小我起步不行。每个人不都是从小我起修吗？但还是要强调，先明白大方向。

🦌 8. 修行大我，谁来创造这个世界呢？

这个问题里有一种误解。大我不是让人什么都不干，不是这个意思。所谓大隐隐于市，就是说真正干大事的人，差不多都具有大我的某些因素，否则也干不起大事来。大我不是体验到小我的自我实现，而是体验到个人的存在和宇宙的存在同一。大事情的发生当然要符合宇宙自然的规律，一定包含宇宙自然规律的因素，无论做事的人小我的主观认识如何，是不是在做好事，是毁坏还是创造。类似的问题，我记得有一次一个学生问当时的中国佛教协会会长赵朴初居士：要是大家都去当和尚，谁生孩子呀？人类怎么繁衍啊？赵朴老回答说，你不必担心这个问题，比如说你就不会来当和尚，大部分人都不会来当。的确，就是在佛教最鼎盛的时期，出家当和尚的人也是少数。在出家人中，能够修成的人也是非常少的。

好，时间到了，今天的讲座就到这里。这一讲是预演讲，是个引子，先说明传统文化的修行与心理咨询的个人体验是两种方向不同的自我成长，以后的十讲再分不同的专题展开。

第一讲
概说传统文化与心理学的关系

　　我们的传统文化确实有很多优秀之处，尤其在心理领域，很有优势。这也是把传统文化和心理学这两个看起来风马牛不相及、内涵和外延都相差很远的概念拉到一起讨论的原因。

一、传统文化和心理学的概念

文化的概念非常大。大体上，文化是指人类在社会历史发展过程中，所创造的物质财富和精神财富的总和。不管人类干了什么，精神的也好，物质的也好，都算是文化。自然界凡是沾上了人的色彩，打上了人的烙印的一切事物，都是文化。比如九寨沟那个地方，没有被人发现的时候，就只是青山绿水，被人发现之后，还是那片山水，就建了风景区。所以，没有被发现的时候，九寨沟不是文化，但成了九寨沟风景区就是文化了，因为人的所见所闻所做全都是文化。文化的概念简单地说，和人类的概念一样大，因为人类的一切所为全都是文化。

传统文化这个概念也非常大，就是历史上人类的一切所作所为。文化有民族性，这里说的传统文化，是指中华民族的传统文化。

心理学建立的标志，是1879年冯特在德国莱比锡大学创立的世界上第一个心理学实验室。它通常被认为是现代心理学的标志性起点，到现在还不满一百五十年。那么把一个有四五千年历史的东方文化，和西方文化里的这一小部分，还不到一百五十年的一小部分拉在一起，到底为什么呢？

20世纪80年代西方心理学进入中国心理咨询和治疗领域，西风东渐，有了很大很快的普及；经过了三四十年时间之后，传统文化中的心理学内容，或者说本土化的心理学，有一种要开始萌生、发芽、生长的趋势；这个系列讲座的出现，就是这个发展趋势的一部分。现在做心理咨询、心理治疗的大部分人，都已经具备了不少西方心理学知识，而对于传统文化中的心理学内容，也就是我们自己的心理学知识，反而知道得很少。每当我看到西方学者到中国来讲中华传统文化，比如讲正念，讲冥想，说实在的，就有点儿汗颜。我们没有把自己文化中很优秀的学术内容发掘出来，发展起来，让人家挖走了再卖回来。我不反对别人用我们的文化，不管哪家文化里的精华，谁用都可以，但是我们自己为什么不重视？我觉得是一个问题。

西方心理学传进来以后，有一个非常积极的启蒙作用，开拓了心理咨询和治疗领域，之前心理学没有这么普及过，这个功劳非常之大。但经过这三四十年的发展，也确实有一点水土不服的情况出现。中华民族的心理状态和心理素质，或者说人格类型，和西方还是有一些差别，有些方面差别还比较大。比如西方的社会和文化造就的人格比较独立，而我们的人格比较崇尚集体。这不是谁优谁劣的差别，而是文化的差别。再举个例子，在西方心理学里，有咨询师和来访者之间平等、甚至是以来访者为中心的概念，这在东方就不一定合适。我们临床上见到的咨询者，往往很希望咨询师给一些很具体的指导。这是好或者不好，我觉得要具体情况具体分析。可能对有些人就好，对有些人就不好。适合西方文化的方式方法，不一定都适合东方，反过来也一样。东方和西方，肯定需要互相取长补短。

有一点需要特别指出：我们的文化并不差，在心理学领域，很多方面其实走在西方前面。现在经常说要有文化自信，如果确实有这个自信，首先就应该能够表达出来自己的文化优秀在什么地方？哪些地方是长项？如果说不出来，自信就没有什么底气。想想看，如果自己文化的长处都看不见，好像一无是处，怎么可能自信？怎么可能继承发展？而我们的文化确确实实有很多优秀的地方，尤其在心理领域，很有优势。这也就是把传统文化和心理学这两个看起来风马牛不相及、内涵和外延都相差很远的概念拉到一起的原因。

有人把文化分成三个部分、三大类。一类是物质文化，一类是心理文化，还有一类是制度文化。这三类事物，一个是物理的，一个是心理的，还有一个可以说是伦理的或者说是管理的。心理学是心理文化的一部分，不是心理文化的全部。心理文化的涉及面非常广，不仅包含心理学，还有文学、艺术等。

心理学是专门研究人的心理现象的，它是心理文化的一部分。再说到我们的中华传统文化，其实也只有其中一小部分可以和心理学搭界，并不是说所有的传统文化都和心理学有关。就我个人的看法，在中华传统文化里，与心理学搭界的，大概是佛、道、儒、医这四家学术里有关于调理身心的知识和技术，特别是侧重于调心方面的技术。而在这些知识和技术里，还只有其中比较客观的部分和心理学有关，主观部分就关系不大。这是因为现代科学研究都是客观角度，包括现代心理学，它虽然研究的是心理现象，但是把心理现象当作客观事物去研究，属于现代科学的研究思路。我们传统文化研究心理意识其实不是这个角度，是重在主观体验。

那么在佛、道、儒、医四家里，哪些具体内容和现代心理学有关系呢？佛家的止观法门、四禅八定、明心见性等修炼过程，都和心理学有关。佛家的修炼以调心为主。可以说在传统文化里，佛家修炼方法的技术和知识与心理学的关系最多也最密切。

道家的修炼技术比如说炼精化气，炼气化神，炼神还虚，炼虚合道，除炼精化气之外，后面三个修炼过程全都和心理学有密切关系。再说儒家，《大学》里说正心、诚意，修身、齐家、治国、平天下。如果说"修齐治平"与心理学关系还不是很大，那么正心、诚意和心理学就有很大的关系了。儒家是说要先修心才行，然后才能修身、齐家、治国、平天下，修心的部分肯定和心理学有关系。

至于医家和心理学的关系，就更深刻和宽泛，也更规范，有许多提法，现代心理学里还没有涉及。比如说现代心理学只谈意识，但中医有"神魂魄意志"，有神，有魂，有魄，有意，还有志，西方心理学里至少没有魂魄的概念。什么叫魂、什么叫魄呢？很有意思，中医认为，附形之灵为魄，附气之神为魂。就是说和身体相关的精神因素是魄，和气相关的精神因素是魂。举个例子，小孩出生后不由自主的动作，其中的精神因素就是魄。而魂呢，是指人的知识、人的自我意识，它们附着于气，不是附着于形，称为魂。

如果按照现代心理学和生理学的解释——这是我个人的理解，大概可以这么说：中枢神经系统的活动大概就是魂，周围神经系统的活动大概就是魄。当然这不可能完全对等。我们古人研究的内在世界很细，但与现代科学的角度不一样。例如魂魄的研究，和中枢神经、周围神经的研究，方法不一样。中枢神经和周围神经，得解剖看一眼，得有形，是客观事物，但魂魄是主观体验，不是客观的观察。中医有内求法，有外求法，而西方的科学，基本上没有内求法，它研究内在事物还是借用外求法，也就是把内在的事物还是当作外在的去研究。

佛、道、儒、医几家传统文化的修心过程，都是直接修内在，重在从主观方面切入。除此之外，还有一个特征就是心身合一，并不把心理和生理分得很清楚。比如刚才说的"神魂魄意志"，中医就认为"心藏神、肝藏魂、肺藏魄、脾藏意、肾藏志"，把精神因素归属到相应的脏腑上，如此心身是合一的，精神意识与身体形态并不单独存在。分门别类地认识事物，是现代科学的认识方法，并不是现实事物。客观事实上，事物都是合一的。实际上没有截然分开的事物，比如说心理学、生理学是两种学问，没错的，你可以分门别类地学习和研究。但是你看到过只有心理或只有生理的人吗？那是不可能存在的。人的存在都是心身合一的，如果一个人只有生理没有心理，那不是植物人吗？现实的事物都是本来就合在一起的，分门别类只是一种研究方法，不见得是事实本身。中国传统文化的研究视角是整体性的，没分那么详细，认为宇宙整体就是"一"，所以和西方科学有很大差别。

在东西方认识事物的方法论侧重上，我认为，对外在世界、外界事物的认识，西方的现代科学强于东方，或者说在物质文化方面，至少发展到现在，总体上西方优于东方。但在对内在世界、内在事物的认识上，在探讨内在世界方面，现代科学达到的深度和广度不如东方。所以可以这样说：在物质文明上，西方强于东方，在精神文明上，东方深于西方。但是这么说需要做一些解释。先要解释文明和文化的差别。文明是指文化中的优秀成分，是文化里比较优秀的事物。比如我们说某些做法比较文明，某些做法不大文明，但不文明的那些做法也是文化。所以，说西方的物质文明比东方发达，东方的精神文明比西方发达，都说的是双方文化中的优秀部分。

二、传统文化与心理学解决问题的不同思路

第一个重要差别就是问题取向和境界取向。所有的心理咨询，不管是哪个流派，人本也好，精分也好，家庭也好，都是为来访者解决问题的，所以说它是问题取向。来访者来找你咨询，肯定是有问题，你的任务是帮他解决心理问题，不管问题是情绪的还是认知的、人格的或者其他的，反正你要用适当的方法解决问题。但是传统文化是境界取向，它可以不针对具体问题。我经常跟我的来访者说这么一句话：我不解决你的任何问题，我只把你带到没有问题的地方。这就

是提升境界的思路。

　　举个例子来说明问题取向和境界取向的差别。弗洛伊德说过冰山，荣格也说过冰山，我这里也用冰山做个比喻。大海里有许多冰山，每一座冰山可以比作一个心理问题，每个人都会有很多冰山在意识的大海上飘浮着。现代心理学怎么对待冰山呢？通常是这样：看到一座冰山，先做一个测量，看看它的大小，看看它的形状，看看它的规模，看看它所有的外形细节，还要判断一下它的重量、温度等等。这就相当于心理疾患的诊断过程。然后，怎么消除这座冰山呢？最佳方法就是根据这个冰山的大小、重量、温度、形状等特征，打造一把特制的锤子，锤子的大小和重量以及打击的力度，最好一下子就能把冰山击碎，这就相当于现代心理学解决问题的治疗过程。按照这个诊断治疗思路，理论上说，有多少冰山，就得打造多少把锤子，有多少诊断，就有多少工具。所以很多初学心理咨询和治疗的爱好者们，就东听一个班，西听一个班，各种各样的技术都得学，得学个十八般武艺，才能对付各种各样的、不同类型的、形形色色的"冰山"，也就是解决形形色色的心理问题，这就是问题取向。

　　什么是境界取向呢？传统文化的境界取向是怎么回事？就是不砸冰山，只是看看有没有冰山，只是扫一眼。如果有冰山，大概有多少，冰山的形状、重量等等也可以看看，也可以不看。不管什么样的冰山，也不管有多少冰山，治疗师只做一件事，什么事呢？提高海水的温度。提到多少度呢？人们都知道，只要把海水的温度提高到零度就"OK"了。那样所有的冰山或迟或早都会化解，根本就不用拿锤子砸。提高海水的温度是不是很慢呢？看起来似乎很慢，实际上也并不慢。

现代心理治疗做一个长程精分，至少得一两年。而提高海水的水温，顺利的话几个月也就够了。而且，水温高了以后，所有的冰山都会融化，还不会再度产生，是一举多得呀！所以境界取向的解决问题思路往往适应症更宽，解决得更彻底。境界取向也需要具体治疗技术，但提高水温的技术与砸冰山的技术不是一回事，是另外一类技术。

用砸碎冰山的思路解决问题是"OK"的，但是如果水温不到零度以上，这个冰山砸了，下个冰山还会出来。在心理咨询领域，许多人都有这种经验：解决了这个问题，那个问题又出来了，那个问题解决了，又出来一个新的，此起彼伏，按下葫芦起了瓢。这就是水温还在零度以下，形成冰山的条件还在。问题取向的思路解决不了水温问题，涉及不到境界取向。但水温升高了冰山肯定会融化，也就是境界取向其实可以包容问题取向。所以，东方的思路比西方要宽阔深刻一些。

然而，东西方的思路如果能互补，互相帮助，可以提高治疗效率。比如把冰山砸碎了，水温提高可能就快些，把水温提高了，冰山也更容易砸碎，所以二者并不冲突，并不矛盾。它们是两种不同的解决问题的思路和取向，也带来了两套不同的解决问题的方法。就像我在预演讲里说的，完善小我的方法和提升大我的方法不一样。完善小我的方法提升不了大我。把冰山砸碎了，是不是水温就高了？高不了，把冰山砸得再碎，水温还是那么高。提高水温需要另外的方法。所以两种思路和方法不能够互相取代，但互相帮助是可能的。

　　第二个差别，是解决问题与甩开问题。在传统文化特色的心理咨询过程中，咨询师不解决来访者的问题，而是把问题甩开。怎么甩呢？传统文化的方法，就是把来访者带到一个没有问题的地方，这个地方还是在来访者的心灵深处，并不在外面。然后告诉来访者，你心灵深处有那么大一片没问题的地方，你在那儿待着不就得了吗？干嘛非待在有问题的地方？现代心理学的咨询师可能会说，这没有解决问题呀！只是逃避！其实不然。最后你会发现，甩开问题才是真正地解决问题。你解决一个问题，可能还会出来一个新的，甩开问题则不仅仅是甩开一个问题，而是甩开了出现问题的界面或者维度，所有的问题就都不沾边了。而且，从最根本的角度来看，所有的问题都是人提出来的，大自然本身没问题，也不问问题。自然界这么多生物，这么多动物和植物，就是人提问题，其他生物都不提。狗提问题吗？猫提问题吗？不提，只有人提。所以，自然界本身是没有问题的，找到了这个角度，问题就解决了，迎刃而解。实际上，是否顺其自然就是东方和西方的差别。西方解决问题的思路是人的作为，而东方是让人回到自然本身。

第三个差别，是解决问题本身，还是解决问题的因果、条件，这也是东西方的一个不同思路。西方的心理治疗和心理咨询，大都是解决问题的原因或者结果。比如说抑郁，精分肯定得看看抑郁的原因在哪儿，从来访者幼年的经历中去找原因，然后解决这个原因。行为疗法处理的大都是条件，比如阻断吸毒者获得毒品的途径、来源。但传统文化不完全是这种思路，它也有解决问题因果的成分，但更多的时候解决的是问题本身，并不去找原因，也不去找结果。比如我以后要讲的移空技术，就是一个本土化的心理治疗技术。它的治疗过程既不找原因，也不找结果，而是直接把负性情绪移走，这个处理方式就很东方。心理学往往从因果角度、从关系角度解决问题，并不解决问题本身。这我现在说的还是比较抽象，因为只是谈思路，以后再具体展开。

以上讲传统文化和心理学解决问题的不同思路，讲了三点，一个是问题取向和境界取向，一个是解决问题和甩开问题，一个是解决问题本身和解决问题的因果。思路的差别会直接影响到具体技术的差别。传统文化里提高境界的技术、甩开问题的技术、解决问题本身的技术，西方心理学里都没有。西方心理学的问题取向、解决问题的因果关系等技术，在传统的治疗技术里也有，但是不规范。可以说我们两个都有，但是西方基本上只有一个，所以说我们的传统文化在心理学领域有优势。

三、传统文化与心理治疗的通用技术

这十讲里，如果只谈传统文化和现代心理学二者的差别，就忽视了它们之间的相互联系，还必须要强调两者通用的技术、通用的知识，才能在总体上把握传统文化和现代心理学这两种不同风格但又有深层联系的学术体系。

例如，传统文化的修炼技术，不管是佛家、道家还是儒家的修炼技术，关于调心部分的技术大体有三类：一类是意守，一类是存想，一类是入静。这三大类调心技术，都可以在现代心理学里找到应用的落点。比如意守、存想和入静技术，与现代心理学的催眠术就有相通之处，可以互用，就是用你的也行，用我的也行。但是，相比之下，催眠术所涉及的意守、存想和入静，还比较浅，没有佛家、道家和儒家走得深。按现代心理学的意识层面划分，先是显意识，然后是潜意识、

集体无意识，催眠术大体越过显意识，到达潜意识层面。

但不管佛家、道家还是儒家的修炼，都要入静，入静就要再超越潜意识、集体无意识，到达更深的意识层次。比如睡觉，开始没睡着的时候是显意识层面，就是日常的意识活动层面。睡着了以后，就进入潜意识层面，做梦就是潜意识活动，这大家都没有什么疑问。催眠大概也就在这个层面上，只不过催眠的潜意识是在恍惚状态下进入的，进入的深度和梦境应该说不相上下。但是入静的深度要超过催眠，再往下走，走到哪儿？走到无。怎么理解这个无？上床没睡时的清醒状态是显意识，睡着以后做梦是潜意识，再进入深睡眠的时候没有梦了，但入静的觉察此时依然存在。

所以入静所达之处，比潜意识更要深一层。可见传统文化对意识发掘的深度，超过了心理学。心理学的意识就是显意识、潜意识、集体无意识，但是集体无意识还是意识到的内容，意识还没有真正静下来，再往下，意识没有内容了，才是终点。更进一步，古人对意识的探讨还不止于此，入静到这个深度，什么都没有了吧？不然。这个什么都没有还有许多层次。比如说"四禅八定"的后"四空定"：空无边处定、识无边处定、无所有处定、非想非非想处定，都是什么都没有，但在什么都没有的境界上，仍然分很多层次。这些意识层次现代心理学里都没有。

再举个存想技术的例子。存想既是道家的技术，也是佛家的技术，都是修炼过程中运用想象的技术。但存想的想象又不同于心理学的想象，它是更为深化的想象。想象技术现代心理学里面涉及了，但是没有更深入的讨论。而在佛家和道家的修炼技术里，存想技术用得非常灵活。现代心理学里的想象，就是形成事物的表象，脑海中出现相应的感觉表象，如形状表象、色彩表象或声音表象，想象到这儿就行了。但是存想要求的想象深度不止于此。

比如你现在想到了母亲，脑海中出现了母亲的形象，可以比较模糊或清晰，这就是想象。但这不能算存想，只是存想的准备阶段。到达存想，是要你想象到如同做梦梦见你母亲那样清晰的影像才算。所以虽然都是想象，但深度大不相同。心理学的想象所形成的是表象，而传统修炼技术里的存想，形成的是物象。物象比表象要深刻得多，作用也大的多。佛家道家的很多修炼技术，都是运用这种存想的方法创造的。那怎么能把想象的程度从表象提升到物象呢？这里面就有很多心理操作技巧，我还没在现代心理学里发现过。所以说，我们自己的文化在心理这一方面，比西方深刻、丰富。

四、本土化心理咨询与治疗的双向发展

"双向发展"是我自己攒的词，"双向"是什么意思？就

是中国的心理咨询和心理治疗在寻求来自西方心理学方法的本土化，而西方的现代心理学也在东方寻求到达心灵深处的方法，对他们来说，这也是本土化。他们要把东方的学术西方化，我们要把西方的学术东方化，两方面都在本土化，就看谁走得快了。西方的本土化已经有了很长的历史。西方心理学对意识探讨走得最深的是荣格，荣格心理学思想的一些最基本的概念，如原型、情结、阴影、曼陀罗，都来自中国西藏的佛学。西方心理学探讨的深层意识，大都是从东方学来的。而到现在，比如说正念，还是出自佛学，已经被人家拿去发展出了很多西方心理学的治疗技术，这些都是西方拿东方的学术做本土化呀！我们做的本土化比起他们，还是太少。

虽然东西方都在本土化，但东方取西方和西方取东方的思路还是不一样。东方取西方，主要取形式，西方取东方，主要取内容。现在我所知道的国内本土化心理治疗技术有这么几种：湖南杨德森教授的道家认知疗法，我的移空技术，还有北京广安门医院汪卫东教授的TIP技术，基本上都是取用了西方的治疗形式，内容是东方的。就好像找了个人头马的瓶子，把二锅头酒倒进去了，我们要的就是瓶子，酒还是自己的。西方取东方就不一样了，它取的是东方的内容，形式是他们自己的，把东方的内容攒进自己的形式。比如森田疗法就可以说是东方的内容西方的形式。现在的正念也是。

前几年风行的超觉静坐也一样。总之，东方取西方的形式，西方取东方的内容。虽然不能绝对这么说，大体如此吧。

那么，为什么西方取形式、东方取内容呢？因为双方都是取人所长，补己之短。东方的东西，形式性比较差，或者说规范性比较差，较难于推广，所以我们要学习规范化，那就是形式。而西方取东方呢，是取深度，从东方找深度，那就是内容。最典型的就是刚才说到的荣格。这样一来，西方的深度从东方找，东方的形式从西方找，就实现了互补。所以，中国本土化心理学的发展，先要把传统文化的心理学内容吃透，然后找西方的形式把它标准化，大概就是这么一条路。做心理咨询或心理治疗本土化的前提，是加强对东方中华传统文化的学习和体验，如果没有这一步作为基础，那就是巧妇难为无米之炊。

但是，就像刚才说过的那样，我们现在大部分学心理学的人，甚至于比较资深的心理学者，知识结构大都是西方的，缺少中国传统文化的知识，不大了解东方的心理学知识和技术。因此需要自己补课，要补哪些课呢？建议补佛家、道家、儒家、医家这四家里面有关心理的知识和技术。它们的共同特点，是以境界取向为主。如何提高境界呢？前面说过，西方是完善小我，东方是进入大我。怎么进入大我呢？需要加强体验。东方的学术，本质上是心身合一的，它不是单纯的知识，而是体验。体验有知识的成分，但并不是知识。比如说，桃是甜的，这是知识，但是甜味儿本身可不是知识，而是一种体验。所以掌握东方的学术，必须有体验才行，光有知识不行。西方的学术，知识可以直接用，东方的学术，有体验才能用，这是学东方学术比学西方学术难学的地方。

再有，东方的许多与心理相关的学术概念，表达的清晰程度不足，这与它观察问题的角度有关。刚才说过，西方是把心理现象当作客观事物去研究，概念比较清楚，因为客观标准相对统一，易于标准化。但东方强调体验，体验都是个人的，而每个人的个人体验千差万别，很难标准化，也就很难表达清楚。例如同样是一种感觉，描述起来，每个人用的词未必一样。所以学习东方的学术，有它独特的难度。许多人想学传统文化，但还是用学习现代心理学的方法来学，这不大行得通。

学习传统文化，先得改变思路，进入体验、修炼的思路才能进去，否则学了一堆知识，但还是在门外。传统文化讲究知行合一，例如现代心理学有认知疗法，有行为疗法，也有认知行为疗法，知和行是两个单元，但从东方观点看，知就是行，行就是知，分开就学不成。所以东西方文化确实有冲突的地方，这里说的不是观点对立互相争斗的冲突，而是方法论的冲突。这个方法论问题应该首先明确，否则学不进去，只能学一头。所以补传统文化的课有一定难度，十讲的最后一讲讲学习方法，也就是如何补课的事。

对心理咨询和心理治疗师来说，补传统文化的课虽然有难度，但还是需要补，这是时代发展的要求。20世纪80年代以来，心理学的西风东渐是必然的，是对中国心理咨询与心理治疗的启蒙，但到了21世纪的今天，心理咨询与心理治疗的本土化，已经成为未来一个必不可少的方向。如果真的想在这一领域有所作为，向我们的祖先、向传统文化学习是必经之路。手表做得好，谁都能戴，但是心理治疗方法就不同了，东方人和西方人的心理、性格是有差别的，所以本土化是未来的一个方向。而本土化就需要向祖先学习，这确实绕不过去。

那么，中华传统文化佛、道、儒、医、武诸家中，学术内容的根基在哪家？答案是：道家。鲁迅先生曾经说过一句话，大意是你懂了道家，就懂了中国。鲁迅先生说的话或许有反讽的意思，我是从正面去理解的，道家毕竟出于本土。道家的代表作是老子的《道德经》，达到了很高的境界。这部经典没有宗教色彩，没有任何信仰的内容。《道德经》是世界上除《圣经》之外，印刷量最大、流传最广的书。

《道德经》对精神领域的认识与体验非常深邃，有非常好的表达，它所描绘的意识状态与现代心理学有很大的差别，值得现在从事心理咨询和心理治疗的专业人士深入学习。另外，大乘佛学禅宗的经典也值得学习。禅宗是中国的佛教学派之一，能代表中国佛学最高峰的就是禅宗。六祖惠能的《坛经》所到达的境界，我觉得与《道德经》基本等同，但表述的语言不一样。道家和佛家是中国传统文化的主要流派，尤其是道家。儒家也很重要。医家根源上也是从道家出来的，可以这么说，医家偏于自然科学，儒家偏于社会科学，但是这两家的基本精神都是道家的。所以我很赞同这样的观点，懂得了道家，就懂得了中华文化。

五、问答

🐎 1. 您在处理个案的时候，会具体处理来访者的身体状态吗?

肯定会，因为身心是一体的。我肯定会首先关注和调整他的身体状态。比如说，我经常让来访者放松坐好，但一定要让他坐直，把腰挺起来。大家可以试一下，现在就试一下，坐在椅子上、床上都行，把腰挺直了坐，和瘫在沙发上"葛优躺"那种坐，人的心理状态一样吗? 肯定有很大的差别，坐直了，自信心就会多一些，就不那么懒散，头脑就会清醒一些。坐姿看起来似乎不重要，但我觉得很重要。

我一定让来访者坐直了，然后让他放松，做几次深呼吸，心身都放松了才开始做咨询。生理状态对心理状态有非常大的直接影响。我经常举这个例子：看打仗的电影，常有军事会议的镜头。开会的时候，大家都坐着，讨论作战计划，你一言我一语，时激烈时缓和。而最后，指挥员做决定的时候，通常会一拍桌子站起来。为什么会站起来？因为站着的姿势比较果敢，容易做决断，坐着的姿势比较善于思考，不善于决断。站起来才善于做决断，所以指挥员自然而然地就会拍桌子站起来。这就是说，身体姿态和精神状态有非常直接的联系，所以我肯定会非常注意调节来访者的身体姿势。我还会注意观察来访者的姿势有什么特征。有时候某一个坐姿就能够代表他某一个脏器有问题，而按照中医的理论，某个脏器有问题，就会影响相应的情绪。比如说来访者勾着胸坐，肺部肯定不舒展，可能就比较忧郁，因为中医理论肺主忧伤。所以东方和西方不一样，西方没有这种理论。中医的学术，都是心身合一的，而且直接把情绪归于脏腑，所以看身体状态特征很重要。

 **2.请问您所指的东方式的情绪处理方式是怎样的？**

这个问题大概是想问一下，是不是可以将佛道的修炼方法直接用在心理咨询过程中？有人这么用。我看到过一些现代的心理治疗师直接用佛法，比如说，直接用禅宗的棒喝、

参话头。但要看给谁用，也就是和来访者有很大关系。你要和来访者取得相应的沟通才行，你得了解他的知识结构，了解他能不能理解你说的意思。如果是修佛的来访者，可以利用佛法，但如果来访者对佛学一无所知，直接用佛家修炼的方法就比较难。比如说，用佛道修炼的方法往往不直接解决问题，来访者会觉得不解渴。现代心理学是问题取向的思路，就是解决问题，但佛道的修炼技术多是境界取向，并不直接解决问题。来访者不知道干嘛要这样做。

所以来访者一到，我先跟他说，你来到我这儿，我不给你解决问题，我只是把你带到没有问题的地方。有的来访者就问，那问题怎么办呢？我就说，如果你到过没有问题的地方，往往就知道怎么解决自己的问题了。比如说，假定你没出过国，对国内环境和社会的一些现象有看法，但是如果你出了一次国，到了英国美国，或者澳大利亚，你回来再看你的国家，可能就会有新的看法，然后大概也会知道怎么对待了。同样道理，如果你没有到过心灵深处没有问题的地方，你对自己的问题是一种看法，如果到过了那里，转过头再看自己的问题，可能会发现原来看到的问题很多已经不存在了。这就是见到了大海，冰山已经不重要了。与大海相比较，冰山只是很小一部分，况且水温还可以升高。有时候还干脆就把问题用其他方式处理掉。比如用中医的方法，中医说"怒则气上，喜则气缓，思则气结，恐则气下"，把情绪问题和内气运行结合在一起。比如"怒则气上"，不管情绪如何，也不找情绪的原因，把气降下来就行了，根本就不针对情绪，只是把气撤掉。这就是直接处理情绪的方法。

🦌 3.《道德经》和禅宗经典是不是古汉语写的？有没有读懂的好方法？

它们确实是古汉语写的，你就得学习古汉语。我一直认为学校教育只强调学英语有点片面，应该英文和古文都学才行。不学古文，当然读不懂经典。读不懂经典，怎么向古人学习呢？所以，补传统文化的课，还得补古文，没有捷径。大家学英语花那么大力气，学古文花的力气用不着像学英语那么大。古文没有那么难学，而且很有意思，下点功夫不算什么。学习传统文化需要熏陶，得一点点地积累，速成不大可能。

🦌 4.用融化冰山的方式解决问题，会不会把人的特征消掉，影响到人格特征？

我觉得没有这种可能。消掉的冰山都是人的毛病，消掉以后，人只能更好，怎么会坏呢？这不可能。我觉得恰恰相反，正是那些冰山阻碍了人格特征的正常发展，所以它们应该被消掉，以铲除人格正常发展的障碍。

5.怎么把患者带到一个没有问题的地方？

以后的讲座会专门介绍具体方法。有一讲是讲"移空技术"，就是具体讲如何把来访者带到没有问题的地方，到时候可以听那一讲。

6.修炼自己的境界是长期的任务，很困难吧？

修炼境界是长期的任务，这不假。但实际上学习传统文化，学习修炼技术，并不比学习现代心理学更困难、更花时间、更费精力，只是学习的方法和内容不同。你要真想学，就能学成。我们本来就是中国人，在学习传统文化方面，应该比学习西方文化有优势才对。大家对学习时间和难度的顾虑我觉得是多余的。学习本土文化，怎么会比学习外语和西方文化难？这不可能。只不过长期不接触自己的传统文化，陌生了，自家人不认识自家人了。

7.东方文化的提升境界需要时间，是否不如西方的处理方式更有效？

首先需要考虑什么叫作有效？比如把冰山砸碎，确实显得很有效，但是如果水温不提高，冰山还会再长出来，这是否对效果的计算有影响呢？而如果把水温提高，冰山可能化得稍微慢点，但是永远不会再生，你觉得哪个更有效？在心理领域，我觉得每个人都会有大大小小的冰山，而且经常产生，如果把水温提高一度，可以彻底解决问题。这比起采用见一个冰山砸一个、按下葫芦浮起瓢的方式，我认为东方的方式更有效，因为它更彻底。

8. 老师，您目前如何看待肯·威尔伯的超个人心理学试图整合人的意识图谱的假设，他个人的瓶颈在哪里？如果您给予他有关境界方面的建议，会是什么？

嗯，这是一个稍微有点深度的问题。肯·威尔伯的书我读过几册，我觉得他在西方意识领域和超个人心理学的研究方面，是一个非常有成就和贡献的人。但我看他的书，觉得他的修炼还没有到达我们传统修炼的深度。他的知识结构主要是看书来的，他博览群书，看各种各样的书，古今东西的书，而且看得飞快。所以他的知识积累非常多也非常广，有充足的资料把东西方的学术整合在一起，完成他的图式。但他这种完成方式，还是西方式的，不是东方式的。他的方式就像刚才说的是整合，把东西方的学术整合。我就想说整合不等于融合，我认为他的图式就缺少融合，确实是整合。整合与融合有非常大的差别。整合是把很多事情放在一起，理出条理。但融合是所有的事情都没有了，成为统一的一件事。所以整合是有，融合是无。我觉得他走到了整合这一步，还没有达到融合。我这个粗浅的看法，不知道是不是对。

9. 老师说的心理问题可以被甩掉，似乎是被带到了更深的心理资源处，到更加健康的、有力量的心理结构里面去。是不是当我们发现更巨大的心理资源的时候，创伤的裂缝、缺失，破坏作用，在更有力的健康心理开发中不足以致病？

你说的完全是心理学语言，从心理学意义上说也合理。但是从传统的文化角度看，这个解释还不够深入。传统文化里佛家、道家所说的没有问题的地方，是指意识的最深处，并认为那个地方和整个宇宙直接沟通，所以那里不仅仅是个人的心理资源，或许可以认为是整个宇宙的资源，所以它的力量非常大。只要能把来访者带到那里，他再回来的时候，感受肯定不一样。但也得说，到那个地方肯定不容易，不是说几句话就能到，得让他进行修炼，有体验才行。一旦真正体验到了那种内外沟通的状态，很多心理问题都会被解决掉。不是咨询师解决的，也不是来访者自己解决的，而是整个宇宙存在在帮他解决。这么说听起来可能有点玄，也表达不清楚，真到了那里才会知道。所以整个传统文化的世界观，不但是心身合一的，而且是天人合一的，认为在心灵最深处，内外沟通，个人的存在和宇宙的存在一体。个人有哪里不平衡，这个一体的力量就会自然去调整。这些最为深邃的体验，肯定超出现代心理学的范围。

🦌 **10. 提高水温要儒释道医兼修，但内容太多了，著作也太多，浩如烟海，有没有一种模式或程序，像铺好的楼梯一样，可以集中精力抓住重点，快速地提高？**

作为心理咨询师，我认为不需要兼修儒释道，但要都看一下，然后找到一个适合自己的修炼法门去修就行了。实修很重要。儒释道的著作是多，但实际上，儒释道的学术内容本质上相通，只不过用于表达的语言不同。为什么语言不一样呢？因为内在的修持方法看不见摸不着，很难找到大家都能够共同使用的语言，某一个学术流派只能用自己的术语去互相理解，所以才有了儒释道各学派。且儒释道里面又有很多很多派别，比如道家有东南西北中各派，其他各家的宗门就更多了。但实际上各家各派说的修炼方法，本质上都一样，只要看到本质，然后找到一个适合自己达到本质的方法或法门就行了。

🦌 **11. 临床上东西方双管齐下是不是最好？**

就是说既砸冰山又提高水温，那当然是很好了，没有问题。但现在许多咨询师还没有双管齐下的资本，只是学了很多砸冰山的技术，提高水温的技术还没开始学呢。所以需要下一些专门的功夫在提高水温的技术上，然后才能做到双管齐下。这十讲中，我一直都要说，西方心理学没有什么不对的地方，在它的学术里，在它的文化体系中，都是很好的、很优秀的方法。但是我们的文化体系和他们的有些差别，我们有我们的优势，他们有他们的优势，也可以说两者不相上下，但是有适用对象的差别。两边都学当然好。

🦌 **12. 我不求快速提高，我的问题是怎么才能由浅入深有次第地打好基础，好好学习本土心理学？**

刚才也有好多人问，有没有现成的书或著作让初学者尽快入门？有没有一本比较理想的教材？其实我也在找，但看了不少书，觉得没有，现在还真的没有。这方面的书，我们似乎才刚刚开始做，我们这方面的书不见得比台湾的好，台湾做得比我们早，但是他们也有不足的地方。我觉得学习本土化心理学技术的一个重要的方法，就是要先修一门练功的技术，这是一个基本的入门之处。边读书边摸索，光读书不行，一定要有自己的修炼体验。如果没有自己的修炼体验，理解不了经典说的是什么意思，也不可能讲给别人听。体验在很大程度上不是道理，它是直接经验。水温的转变和砸冰山的转变不一样，比如水温的提高根本看不出来，看着还是那一片水，但温度变了。冰山打碎是看得见的，这也是东西方很大的差别。东方的学术潜移默化，不是眼睛能看见的事物，所以表达也比较困难。东西方两种学习方法有很大差别，方法问题我会再讲。

 13. 老师，法门这么多，了解自己，然后选择法门。应该怎样了解？如何选择？

最简单、最直接的选择就好。说一个不很恰当的比喻，就跟找对象一样，你得喜欢。你不喜欢就没法练，你只能练好你喜欢的法门。只要是正当的有承传的法门，你喜欢哪个就练哪个。没有什么高，没有什么低，因为不同的人需要从不同的途径进入，你喜欢的大约就是你适合进的那个门。不要这山望着那山高，要喜欢净土就修净土，念佛也行。但是心理学没有宗教色彩，不念佛就念个咒，哪怕是自己编个咒去念，也不是说不行。只要能够坚持、深入，都能进门。必须选择能够坚持的，能够坚持的就必须喜欢，不喜欢怎么坚持啊？所以我说跟找对象一样。找到一个喜欢练的功法，长期练。喜欢五行掌就练五行掌，喜欢五禽戏就练五禽戏，喜欢八段锦就练八段锦。哪个好？哪个差？练到深层境界都一样，没有高低之分。

14. 通过打太极拳，感到自己的稳定性强了一些，不知道这种强是不是一个连续的、稳定的提高知情意功能性的能力？

刚才说到练什么都行，坚持下去，练到深层，练到能体会与宇宙存在的能量沟通的境界，就入门了，接着练下去就行。这个境界既是生理的，也是心理的，知情意都是合一的，不是某一个方面的。传统文化的一个基本思路就是天人合一，不去分门别类。而科学的基本属性之一就是分类，科学就是分科之学，是分门别类的研究。传统文化的基本属性是合一。注意综合还不是合一，综合是分门别类之各个类别的整合，其实还是分类，合一根本就不分，没有类别。所以两个思路不同。要学习传统文化，就得用合一的方法去学，要学习心理学，就得用分科的方法去学。学习方法上转个弯，需要一定的悟性、时间和练习，否则很难转过来。现在一提学习就想到去分析事物，这就是科学思路。传统的修炼不分析，不分析怎么做呢？怎么深入呢？很多人不会了。这就是难点，还是方法和思路问题。

15. 修炼境界能不能分层次？

刚才说过，修炼境界有很多层次，而且不同的学派有不同的分法。比如说"四禅八定"是八层；禅宗总共一层，一脚到就到，一脚不到就不到。层次划分都是人为的，实际上修炼的全过程是无级变速，由浅到深的无级变速。这边是显意识，那边是无意识，中间分多少层次都行。自己分也行，照搬他人也行，全是方便法门。我觉得常见的、经典的层次划分就是"九次第定"：初禅、二禅、三禅、四禅，四个层次，然后有四个"空定"：空无边处定、识无边处定、无所有处定、非想非非想处定，一共八层，最后一个层次是灭尽定。现在心理学的意识可没分那么多层，显意识，潜意识，集体无意识，就没了。从传统文化的思路来讲，层次的划分并不重要，最终是合一，不是分层，分层只是达到合一的一种表述和一种学习方式。真有本事就一步到位，就像禅宗。否则就慢慢分，慢慢练。

16. 刘老师，假如我想跟您学，您能建议先读一下什么书吗？

要是学修炼的话，可以先读一读我主编的全国中医药行业高等教育"十二五"或"十三五"规划教材《中医气功学》，有大体完整的思路。

第二讲
禅宗的自性与弗洛伊德的自我

　　禅宗的自性或者说大我，是能够同时意识到
弗洛伊德的本我自我超我的那个我。它意识到了
这三者，就不可能是这三者本身，而是在它们之
外、超越于它们之上的意识。

关于大我小我的问题，很多人还是不太清楚。这个问题实际上很重要，因为如果用最简单的词语表达，心理学和传统文化对人的认识最深的不同就是大我和小我的区别。为什么要一再强调这个问题？一方面是由于传统文化和心理学对人的认识，最深刻的区别就是大我和小我；另一方面则是因为借用了心理学的概念来说明大我。这个讲座的大部分听众都是搞心理的，所以我就主要使用心理学的语言。

　　在传统文化里面，大我实际上是无我，并不是真有我。前面已经说过，大我没有人格特征，没有人格特征就算不上是"我"。但是为了和小我比较，还是用心理学形成概念的思路，就把它套成了大我。所以大我和小我中"我"的含义，本质上有很大差别。

　　传统文化的大我，是指本质的存在，而本质的存在实际上不可表达。所以佛经上对它的表达似乎有个不成文的规定：只能用否定，不能用肯定。例如，可以在佛经上看到这样的表达：不来不去，不一不异，这些都是在表达本质的存在，都是否定。《心经》上的表达就是：不生不灭，不垢不净，不增不减。这三个否定短语从三个大的方面，否定了所有的事物。不生不灭，把时间否定了，不垢不净，把性质否定了，不增不减，把空间否定了。那么《心经》要表达的是什么呢？是万事万物的实相、真相，也就是本质的存在。真相是什么？就是"那个"，但是"那个"是什么？只能用否定表达，因为一旦用肯定，它就变成了有，不再是无。而实际上用无也不对，因为"无"也是一个肯定，是对"没有"的肯定。正确的表达应该是"不有不无"，这就与《心经》的表达同类了。古人的表达是动过脑筋的，不是随意说的。

一、自性和自我的概念

我认为心理学的自我就是主体化的人格，也就是意识对于自己存在状态的认识。这是心理学对自我概念的一种解释，不同的心理学流派还会有不同的解释，但大体上差不太多。为什么说自我是主体化的人格？因为人格就是个体存在的状态，这个状态自己可以认识，别人也可以认识。自我就是自己对自己存在状态的认识，包括两个方面，一个是对存在状态主观方面的认识，一个是对存在状态客观方面的认识，两个加起来就是自我。但如果是别人认识你呢，认识的角度就不一样了。别人认为的你的客观存在状态和主观存在状态加起来，就是他认为的你的人格。当然，别人认为的你的人格和你自己对自己人格的认识很可能不一样。你对自己主体化的人格认识是你的自我，别人对你客体化的认识就称为人格。

那自性是什么呢？禅宗说的自性，是个体意识的本质，也就是个体存在的本质，即前面说到的大我。这里需要解释一下，为什么将个体意识的本质等同于个体存在的本质。因为在禅宗里，自性是通过主观体验实现的。主观体验到的个体存在本质只能是意识的，不可能在意识之外，因此也就是意识的本质。个体意识的本质就禅宗的本意来说，就是空，是超越有或无的空。所以不能认为自性是有什么或者没什么。自性这个词表达不出以有说无说空的含义，字面上完全看不出来。所以学习传统文化光看书不行，得有实修的基础才能真正明白。

怎样才能真正明白禅宗的自性呢？只有一个办法，就是一路修过去，修到那个不生不灭，不垢不净，不增不减的地方，就知道什么叫自性了，如果没有修到，其实可以说永远不会真懂，所懂的只不过是一个空洞的概念，概念后面并没有具体对应的内容，所以还是没懂。学习传统文化必须知行合一，它不是纯理性的知识，而是修炼的境界。

二、弗洛伊德的自我、本我、超我

本我比较容易理解，弗洛伊德的本我说的就是人的本能，生物本能，或者说是动物本能也行，但是说生物本能大概更准确一些。什么是生物本能呢？简单来说，就是儒家所言：食色，性也。这话的意思就是，食欲和情欲，这两件事就是人的本性，或者说是人的生物学底线，也就是人的本我。我觉得弗洛伊德说的也在这个层次上，但是弗洛伊德说得更倾向于色，而不是倾向于食，可能他认为吃饭是天经地义的。不是心理学的事，但是情欲是心理生理欲望，心理因素很重要，所以他特别强调色。但在他那儿，他不说是色，说的是力比多。力比多是什么呀？就是形成性欲的荷尔蒙，性激素。弗洛伊德认为个体生活的动力，或者说内驱力，大都来自于力比多。

我认为弗洛伊德说的内驱力还是挺准确的，在某种意义上说，弗洛伊德把人还原成了动物。动物生活中的性动机是非常强烈的，实现这个动机，是很多动物的、也是很多人生活的一个非常重要的目的和过程。比如过去说中国农民的生活理想，就是"三十亩地一头牛，老婆孩子热炕头"，不就是食色性也吗？说的就是这两件事，一个是吃饱了，一个是得有老婆。就是现在，普通百姓在解决了温饱问题之后，相亲、成亲就成为生活中的头等大事，甚至为此节衣缩食的也并非罕见。现实生活中人们做的很多事情，都是为了要找到一个合适的配偶，这确实是人生的一个很强大的动力。弗洛伊德提出力比多，我觉得他发现的不但准确，而且对其动力的作用的表达与描述也恰如其分。

但儒家说的似乎更为全面，食欲可以说是人的第一本能，排在性欲前面。所谓饱暖思淫欲，就是先要吃饱了才能考虑色欲。人类生活中一切与食欲色欲有关的事物，都受本能的影响，强大而无尽，力求不受约束，即所谓欲壑难平。在现代社会世界各国的贪污腐败、权色交易等难以尽除的现象，归根结底都还是受人的生物本能影响、也就是本我的妄为。

弗洛伊德所说的超我是什么？就是来自于社会的种种文化习俗、法律法规内化于个体的信念。其中有两个最重要，一个是道德，一个是信仰，它们对个体的行为形成了有效的制约。

道德和法律法规等制约是西方文明社会契约精神的体现：制定规则，大家遵守。它是形成超我的一种重要元素。比如说一锅米饭十个人吃，如果是一般公平的话，可以按人头算，分成十碗，当然要分得平均，否则就会产生争执。这是平均主义的分法，形式上公平。还可以按体重分，体重大的人多分一点，体重小的人就少一点，这在实质上就更公平些。但不管这个饭怎么分，都需要有个规则，规则的制定，大家讨论。比如可以民主投票，最终确定一个规则，一种分法。制定的任何分法都不可能让每个人随心所欲，每个人不能得到超出规则确定的份额。如果超出，就违规了，就会受到相应的处罚。于是，制定一个好的、公平的规则就至关重要，可以保证大家基本平等。

而且，制定了规则还不够，还要为规则的执行过程制定规则。比如制定了平均分十碗饭的规则，但由谁来分呢？比如可以找一个公认的道德好的人来分，但分来分去，无论是主观还是客观原因，还是会有一些差别，大家不会长期满意。也可以考虑轮流分，但轮流分的差别可能更大、更不稳定。最后就发现一个相对最合理的分法：不管谁分，十碗饭分完以后，大家挨个拿，但分饭的那个人最后拿。这就从规则上保证了分饭的人得尽量把饭分均匀，否则他自己拿的就会最少。在这个意义上，规则就教化了人，规范了人的行为。这种西方文化的契约精神内化到个体的人格之中，就是超我的元素之一。

超我除了来自规则之外，还来自于道德。规则包括各种法律法规，是硬的，道德则是软的，是个体内在的、发自于"良心"的行为底线。如果说规则约束的行为比较具体，道德约束的则较为宽泛。道德的培养也更为潜移默化，不是记住一些条文照着做就行，而是要通过社会伦理的适应和习惯慢慢养成。

形成超我的再一个重要因素是信仰。信仰怎样制约个体的行为呢？信仰就是对一件尚未实现、并不在现实中的事情具有充分的信念。信仰最典型的例子就是宗教，宗教信仰里的天国肯定不在信仰者的现实之中，是未曾实现的事情。至于它是不是能够实现，信仰者未见得真正知道，但信仰者就是相信，就是有信心。所以信仰大都带有强烈的主观色彩和情感色彩，因此很坚定，而且往往不服从理性，因为理性总是以现实存在为先的。

信仰在很大程度上和科学对立，因为科学是非常现实的。但是信仰有强大的社会功能，可以约束人的行为。这个约束怎么实现呢？我到德国去做心理学的访问学者时，跟一个德国的心理学家谈了宗教问题。我说你们德国科学已经很发达了，怎么还有许多人信宗教？他说，宗教有很好的社会功能。比如说德国有一个电视台，很重要的台，我听着就相当于中央一台那样的台，每个星期五有个节目，专门讨论宗教的信仰问题，大家可以各抒己见。我就问他，你作为心理学家，你真相信吗？他说我不关心信不信的问题，我关心的是宗教的社会功效。我就问他宗教有什么特殊的社会功效？他就说了两个我认为是非常有说服力的观点。他说第一，如果你真的相信有来世，你这辈子不敢做太坏的事，因为你知道，这辈子完了还有下辈子，做了坏事，来世一定有报应，所以不能做太坏的事，这就是一个很强大的约束力。第二，如果你相信有来世，你就不会太怕死，你觉得死了也没有太大关系，虽然仍然很不愿意死，但是知道还有来世呢，就比较能够接受这个死亡。这两个作用真的是很大，如果社会的人群都不太敢做坏事，又真的是不太怕死，这不是非常有利于社会的安定吗？然后他就问我：你说别的有哪个力量能够比这更大？我当时还真的回答不上来。所以宗教有它独特的社会功用，从个体人格形成的角度看，它对塑造超我起了相当大的作用。

总起来说，本我是个体的生物学本能，食色性也。超我就是由社会生活中的社会生活道德、法律法规和信仰的内化而形成，使个体的行为有了边界，个体不能越界，不能完全为所欲为。每个人都想完全实现本我，但是每个人又都不可能完全实现本我。就像西方一个比喻说的，人人好像都是刺猬，离得太近了，就互相扎，离得太远了，就不能抱团取暖，需要把人与人之间的距离，限制在一个合理的范围内。而要达到这个目的，就是本我和超我的角力。本我是本能，是强烈的动力，超我是限制性的因素，那么这两者中间，自我出现了。

自我是什么？自我是把握本我和超我的角力，让它们中和的人格因素。在现实生活的范围内，既要实现本我，又要完成超我的约束，这就需要用理性的力量，实现本我和超我之间矛盾的平衡，这个力量，这种理性的方式，就是自我。所以自我是个体行为的最终决策者，只有自我知道个体活动的目的性和方向性，本我和超我都不具备这种能力。这是自我能够驾驭本我和超我的本质基础。当然，这也需要自我足够强大，如果很弱小，就可能驾驭不住它们。所以心理治疗的基本目的之一就是要增强不够强大、不足以驾驭本我和超我的自我。

　　现实中本我想要无限膨胀，超我则要最大程度地约束，双方的压力都不小。自我需要依据个体行为的目的、方向，在这两者之间找到适当的平衡，既管理好本我，也把握好超我，也不是一件容易的事儿。在决策并执行的过程中，自我既要考虑眼前利益，也要考虑长远利益。但归根结底，基础还是个体自身的利益。自我在此基础上，找到各方面的平衡，以实现个体最佳的生存状态。

　　以上简单地说了什么是弗洛伊德的本我、超我和自我。这三者合起来，就是弗洛伊德所阐释的人格。自我驾驭本我和超我，就是一个完整的人格。不同的人，人格力量有差别，有的人本我力量强，有的人超我力量强，有的人自我力量强。

以弗洛伊德的人格模式看，自我力量要强于本我和超我似乎更好些。如此本我和超我之间的冲突与矛盾比较容易解决。

三、禅宗的自性

一说这个话题，许多人会马上就想起六祖惠能那个非常著名的偈子。偈子是指述说佛学思想的那种很简短的诗。惠能的偈子是："菩提本无树，明镜亦非台，本来无一物，何处惹尘埃。"这个偈子所说的就是禅宗的自性，是惠能应五祖弘忍为确定传人而让众门徒"取自本心般若之性，各作一偈呈来吾看"而请人写在墙上的。所以自性也就是"本心般若之性"，清净而一尘不染，没有内容。

惠能所表达的就是这尘无可染的空性。他的表达其实和不生不灭、不垢不净、不增不减一样，只不过是用比喻来说的，而且有针对性。针对什么呢？针对的是神秀写在他之前的一首偈子。神秀是当时跟随弘忍修习的门徒中被大家认为修为最高的和尚。惠能只是刚去了几个月的带发修行者，一个无名小卒，而且也不识字。神秀写的是："身似菩提树，心如明镜台，时时勤拂拭，勿使惹尘埃。"神秀这首偈子其实写得也不错。他的偈子虽然也表达了心的清静，但有一点很清楚：他认为自性是有什么东西在那里，似菩提树，如明镜台，他用肯定事物存在的表达，就是认为有自性那么个东西。但那个东西得小心呵护和清洁，老得擦，要时常打扫干净，有灰尘就得擦掉，然后慢慢就一尘不染了。

惠能听到神秀的偈子，知道神秀尚未开悟，于是就有针对性地请人代笔写了那首著名的偈子。惠能用的都是否定表达。神秀说"身似菩提树"，惠能就说根本没有菩提这棵树；神秀说"心如明镜台"，惠能就说没有明镜台这码事儿。第三句说得更是非常清楚明确：本来无一物，原本啥都没有。然后第四句，既然什么都没有，即使有尘埃也没地方落啊！所以就对空性而言，惠能比神秀的认识要深刻得多，他完全打破了有，真的是到了无。但这就是自性了吗？

其实还不完全是。禅宗所说的自性，实际上是空有合一的，并非只是空。惠能的偈子表达了空，或者可以说是自性的一半，开悟的一半。《心经》说得很清楚，色即是空，空即是色，受想行识，亦复如是。什么意思呢？就是色、受、想、行、识五蕴全都是空，任何有的东西，本质全都是空。但是《心经》又说了，色不异空，空不异色，色即是空，空即是色，色与空并不分家。得悟到这儿才行，只悟到空，还不算开悟，还得同时悟到有才算。

惠能什么时候悟到有了呢？还得往后说。五祖看到惠能的偈子，知道他确实是个好苗子，能开悟。五祖也知道庙里并不清静，谁当了传人都会有一帮人羡慕嫉妒恨，何况惠能作为一个带发修行大字不识的新人，怎么就能成了衣钵传人？那些资历比惠能老的出家人肯定不服。于是五祖就当着众人说惠能这偈子也没开悟，还是回到后面去劈柴舂米吧。五祖事后悄悄来到了惠能住的小屋子，交谈几句之后，他拿锡杖在地上咚咚咚敲了三下，就转身走了。惠能挺机灵，当夜三更的时候，他就去见了五祖。五祖给他讲《金刚经》，讲到"应无所住而生其心"一句时，惠能"言下大悟"，又说了一个偈子："何其自性，本自清净；何其自性，本不生灭；何其自性，本自具足；何其自性，本无动摇；何其自性，能生万法。"

这个偈子的关键，我认为在最后一句。之前的"何其自性，本自清净"，用白话说就是：没想到自性啊，本来就很清净。所以不用去管它惹不惹尘埃，没什么尘埃可惹的。"何其自性，本不生灭"，自性本来就是不生不灭的，就是说，它永远在当下。为什么要没有生灭才对？有生就必然有灭，长生不老这个词不对，因为只有生没有灭。什么东西能既不生也不灭呢？就是本来就没有生灭的东西。不生不灭就无始无终，是当下，也是永恒。"何其自性，本自具足"，没想到自性里什么都有啊，什么都不缺。这就是《心经》里说的"不增不减"，一切够用，已经圆满，不需要加减。

"何其自性，本无动摇"，我开始看这个偈子的时候，这一句看不懂。前面"何其自性，本自清净；何其自性，本不生灭；何其自性，本自具足"，说的其实就是《心经》那几句话：不生不灭，不垢不净，不增不减。这第四句"何其自性，本无动摇"，我就不明白了。自性还需要动摇吗？怎么动摇法？后来我有一次打坐，在福建一座庙里打坐。打到一定程度后，就发现内部有一个东西，就是如如不动，有杂念也没关系，干扰不到它。下座之后，起来转转走走，就看到庙门口不远有个池子，周围一圈石头的栏杆。栏杆上写了好多关于修炼的偈语，有一句一下子就打动了我：青山原不动，白云任去来。这时候我懂了"何其自性，本无动摇"这一句。它就是说，真定住了以后，自性是非常稳固的，就像青山一样，有点杂念没关系。杂念就像飘来飘去的白云，干扰不了自性。所以，修到了，就看懂了。

惠能"言下大悟"的最后一句偈子："何其自性，能生万法"，没想到万事万物可以从自性中生出！这一句最重要。为什么？惠能前面那个"菩提本无树"的偈子，说的是色即是空，但这一句"何其自性，能生万法"，说的是空即是色。这个时候惠能通透了，知道了有就是无，无就是有，色即是空，空即是色。理解了这个，才知道佛学的核心是缘起性空。

记得看过一本南怀瑾先生的书，头一句话就很抓人，大意是有人问，你知道佛祖在菩提树下坐了七天七夜，悟到了什么？一堆人回答问题，都没有答到点上。后来南先生就说的，他悟到的东西，就是缘起性空。就是悟到了世界上所有的事物，就缘起来说，是有，就本性来说，是空。自性也如此。

四、自性和自我的比较

第一，自性就是大我，它们可以说是同义词。自性和自我的差别，就是大我和小我的差别。所以下面我有的时候用大我，有的时候用自性，依文意的需要而定。刚才说过，弗洛伊德的本我自我超我都有具体内容，非常明确。本我是人的生物学本能，超我就是社会意识和社会规范，自我就是平衡这两者矛盾的理智成分和力量，各自都有明确的含义和意识操作内容。但是，自性没有具体内容，没有人格特征；而且，每个人修到的自性都一样都互通。所以它实际是一个本体的存在，并没有个体的属性。之所以也可称之为大我或自性，是因为它是主观体察到的，并不是客观观察到的，因此而具有"我"或者"自"的性质。

惠能刚到寺里的时候，五祖跟他说：你是个岭南人，又是獦獠，怎么能当佛呢？獦獠是那时对岭南人的一种称呼，有贬义。五祖的话翻译过来就是说：你是个南蛮子，怎么能成佛呢？惠能回答说，人虽有南北，佛性本无南北，獦獠与和尚，身体是不一样的，佛性有何差别？就这句话，五祖把他收下了，知道这人有慧根，知道惠能懂得人心最深处的意识或存在的本体。意识或存在之本体的说法佛学里可没有，可以勉强算是心理学语言，但心理学也没有这种提法，只是借用了心理学的概念。

事物说到本体就只有一个了，就没有个性了，就都一样了。甭管是什么人，佛学甚至于把他普及成所有的生物，包括动物乃至于植物，千年的乌龟，万年的松树，本体都一样。佛学的众生平等就是这种意思。这种认识对不对，这里先不评论。先说说佛学所认为的意识或存在的本体、自性，或者大我，就是宇宙万物完全的统一性、同一性：缘起性空。所以自性绝对不是个体做的坏事好事，和这些没有关系。它说的不是人的生物学存在，也不是社会学存在，而是人的宇宙本质的存在。

第二，自性和自我的眼界不同。这里说眼界是个比喻，自性就好像住在十八层，十九层，或二十层，自我则住在一层。它们看见的事物肯定不一样。一层周围都是房子，啥都看不见，在高层，周围景色多了，四周都不一样，能看到许多事物。但是还得声明，楼层的比喻，只能说明自性或大我的一个侧面。要想真正了解大我，得进入才行，那才是完整的。

住在二十楼的人，跟住一楼的人无论如何讲不清楚自己看见了什么。即使叙述得栩栩如生，住一楼的仍然看不见，看不见也就还是不知道，至多只能按住一楼的所见想象一下。但如果住一楼的跟住二十楼的说看见什么了，住二十楼的能了解，知道一楼看见什么。因为二十楼位置高，一楼看见的事物二十楼也能看见，只是角度、大小有点不同。从二十楼看，住一楼的眼界就是被四周障碍物包围的一个小圈子。所以小我看不见大我，小我不可能影响大我，但是大我能影响小我。小我做得再好，住一楼的哪怕把四周障碍物都扒了，也还是看不到二十楼能看到的事物。所以修小我和修大我还是有很大差别。

第三，自性和自我的内容不同。还是用比喻来说，用前一讲关于电影和幕布的比喻。弗洛伊德的自我就像是所放的人生的电影的故事影像，这儿有什么事，那儿有什么事，你自己怎么回事，别人怎么回事，包括所有的故事情节、人物、景色。禅宗的自性则像是那块承载电影的幕布，幕布本身什么都没有，也就是你未曾受沾染的意识本体。这个比喻说明了一个方面：禅宗的自性是意识本体，而弗洛伊德的自我是意识的影像或者映象。但实际上，说弗洛伊德的自我是电影故事，相对来说比较准确；说自性是幕布就不够准确。自性还不完全是幕布，把它说成幕布，只是说了意识中与有相对的无的那一面。

真正的自性，还需要再把这比喻引申一步，应该是指同时意识到电影和幕布的那个意识，它觉察了有和无两边，也就是它比无还要无。觉察了没有电影、也没有幕布的那个觉察，才是意识的本体。所以真的想知道禅宗的自性，只有通过实修。在没修到之前，看书听课可以给你大体指条路，比如说电影和幕布这个比喻，虽然并不准确，但是你至少知道了幕布是无，方向是对的。然后你修到了幕布那里就会发现，不是"菩提本无树，明镜亦非台"吗？我这幕布不就相当于那台明镜吗？也没有才行啊！于是就真正知道了幕布其实也多余，会向真正的自性境界迈进。

下面我想用一句心理学的语言，把今天这一讲的内容，包括弗洛伊德的自我和禅宗的自性，合起来总结如下：禅宗的自性或者说大我，是能够同时意识到弗洛伊德的本我自我超我这三者的那个我。它能同时意识到这三者，说明它一定不是这三者之一，对不对？它意识到了本我、自我和超我，就不可能是本我自我和超我本身，而是在它们之外、超越于它们之上的意识。那个意识就是禅的自性。我今天说的大体上就是这个内容。

以上谈了禅宗的自性和弗洛伊德的自我有什么样的差别。在后两讲里，我还会讲到这个问题。比如讲荣格的时候，还会到弗洛伊德，因为荣格的自我和弗洛伊德的自我又不太一样。

荣格的自我和弗洛伊德的自我有什么不同？荣格用自性这个词（但可能是翻译的理解与选择，译为自我、个性似也可以），他的自性并不是禅宗的自性。荣格的自性和弗洛伊德的自我有什么差别？荣格的自性和禅宗的自性有什么差别？

其实，荣格的自性只是比弗洛伊德的自我本我超我多了一项内容。弗洛伊德的意识分为显意识和潜意识，认为很多本我的欲望是被压抑到潜意识里的，因此才会形成问题。心理治疗师解决问题，就是让潜意识被压抑的部分文明地透发出来，即修通。这就是精神分析的大体思路。

荣格和弗洛伊德的不同之处是提出了集体无意识。集体无意识比潜意识更深一层。潜意识从理论上说，是个体生活中本我和超我的问题被压抑到意识之下形成的。但是集体无意识不是来自个体生活的现实经历，而是人类自古以来积淀下来的意识深层内容，是历经千百年形成的。比如说，人都怕蛇，你可能没见过蛇，但是一见蛇，你就怕。这怕从哪儿来？依据集体无意识的学说，这是因为自古以来，世世代代的你的先辈知道蛇会咬人，是可怕的。这种恐惧一代一代积攒沉淀下来，成为子孙后代与生俱来的深层的意识内容。为什么称其为集体无意识？因为它是集体形成的，不是个体的，它比潜意识又深了一层。因此弗洛伊德的人格理论就没有荣格深刻。荣格对人性的开凿更深，或者说对人格的挖掘更深。他们师徒二人认识潜意识的内容和深度不一样，因此他们本我、自我的内容也不一样。荣格增加了集体无意识，所以更丰富。但是这里要再说一句，荣格心理学的许多内容来自东方，来自西藏佛教的密宗。这个我讲荣格那一讲时再谈。

五、问答

🐎 **1. 现在的心理咨询和治疗，是不是都在做小我的工作？**

我认为基本是。因为心理学只能用语言工作，语言基本上只能做小我的工作。但也有一些例外。就是超个人心理学和人本主义心理治疗，有一点想要超越小我的意思。但是超不出去，因为超越出去之后是非语言状态，心理学技术达不到，没有办法继续。所以心理治疗和心理咨询做的基本上只能是小我的工作。到目前为止，我还没有发现哪一种治疗或者咨询能够做到大我。在预演讲时我举了正念的例子，正念疗法是借大修小的过程，就是用大我的一些技术来做小我的工作。正念技术做的还是小我，因为没办法做到没有语言、不能表述的那个层面。所以，我认为，在目前的心理学框架内，基本上只能做小我。

2.老师，您说的是不是真空妙有？

这个词没有问题，真空妙有就是缘起性空，对的，但是问题是能不能够体会到。注意啊，不是理解到，理解到没用，得体会到，体验到真空妙有才行。否则就是口头禅，不是实际要的证道。证道的主体是行，不是言。仅仅理解是不够的。

3.请问老师，在现实生活中，如何用禅宗的无工作呢？

我做的时候就是用移空技术。移空技术专门有一讲，就是怎么把有做成无，我觉得还蛮好用，现在也在推广这个技术。讲座里面移空技术这一讲，讲它的来源和主要操作步骤。移空技术已经用了好几年，心理学界已经有些人在用，效果不错。移空技术是一个从小我修到大我的过程，但是现在主要还是做小我。如果要做大我的话，咨询师本人至少先得能够非常通透地了解什么是大我才行。否则自己没到，怎么可能把别人做到呢？虽然现在的心理咨询和心理治疗都是在做小我，但我觉得已经有向大我方向迈步的倾向和趋势，比如说正念。此外，本土化的心理学也在兴起，也已经有了一些治疗技术，比如说道家认知疗法、森田疗法，都是倾向于往大我走的治疗技术，可以去学一下。

4.前一天想到关于死亡，这个话题太大，如果用不生不灭讲，是指人的肉体有了生就有了灭，这样不还是体会不到自性？

你的问题有点大。比一般所说的生死问题更大些，超出了目前的心理学乃至生理学的范围。不生不灭，不是说肉体没有生灭，而是指经过修炼，体会到了不生不灭的存在。如果真修到了那个境界，按佛学理论，就会知道肉体的生灭，只是生命的一个阶段，或者说是一种假象。或者按物理学理论，物质不灭，能量守恒，宇宙本身不生不灭。如果能够体验到而不仅仅是认识到这个规律，相当于修炼到了这个层次，那就是自性境界。如果到达了那个境界，你觉得生命还有生灭吗？

5. 老师，禅宗的无与我们社会的人的工作进取、优胜劣汰，它们的关系是什么呢？

禅宗的无不在社会层面上，而是在宇宙层面。社会生存的优胜劣汰、进取落后等等现象，在宇宙层面并不存在。刚才讲座中说过，整个宇宙本身物质不灭，能量守恒，在这个意义上宇宙就没有生灭。如果不仅是理解到，而且是体验到这个境界，就会知道，社会层面和生物学层面的存在，只是宇宙层面之物质不灭、能量守恒规律的一种表达。我以为这就是超越生死。这么说还是未必明白，只能经过修炼才行，才能真正明白。通过语言解释，没有真正明白的可能。

6.老师，咨询师需要找督导进行个人体验，来达到自我成长，那是在修小我吗？如果不找督导，通过禅修，也可以自我成长，对吗？

这个说法没有问题，但这个说法背后的实际内容是什么？比如找到一位督导，他怎么督导你？朝小我的方向督导还是朝大我的方向督导？关键是督导的内容，不是有没有督导。现在各种心理治疗技术的督导，都是小我的自我成长，还没看见谁督导大我。那么，如果找不到督导，通过禅修也可以自我成长吗？理论上行，但关键还是怎么修，具体的修行内容如何。其实，如果真有悟性，不要督导、不找老师也行。谁说非要有老师啊？佛陀的老师是谁啊？老子的老师是谁？我没听说过。为什么没有老师也行呢？因为大我本来就是自我的深在本性，是个体的自性，人人都有。所以，最好的老师就是自己，修行的老师是自带的。但是方向得对，得朝着大我的方向修。这与心理学小我的方向不是一个。所以需要掉头才行，但是很多人不会掉头，走了半天，还是没有找到这个方向。总之，形式不重要，内容重要。你说打坐，我就得问你怎么打？坐的时候你的意识是什么？是修意识、无意识、集体无意识，还是修自性？各种修法很不一样，光空谈不行，必须得实际操作。

7. 老师是不是可以这样理解，我们所谓的生命只是真理后面的游戏？

这个问题包含了很多问题。要回答这个问题，有些概念需要先澄清。比如真理是什么？你说真理后面的游戏，游戏的含义如何？我理解你说的意思，就是我们所谓的生命，不是真的，是个假象。佛学是这么讲，但是它并不是笼统地说是假象。个体的生命也是存在的，假象并不是说个体的生命不存在。个体生命的存在有生物层次，社会层次，还有宇宙层次。这三个层次的生命都是存在的，而且是同时存在、重合存在、融在一起存在的。但人们的感官只能看见人的生物存在和社会存在，看不见宇宙存在。修炼的意思就是让人们打开内在的眼睛，看到自己的宇宙性的存在。但是当你看到自己的宇宙性存在，是不是就否定生物性存在和社会性存在呢？不否定。就好像从一楼爬到了二十楼，是不是说就只有二十楼，没有一楼、二楼了呢？不是，二十楼以下的楼都存在。爬到二十楼以后，才能看到相应的景物，这些景物底下的楼层看不见，但底下的楼也还都在。并不是说你爬到了二十楼，底下的楼层都塌了，没那回事。如果认为二十楼看到的景物是真理，底下的楼层确实不包含真理，但底下楼层看到的景物就只是游戏吗？好像也不是。

8.后现代心理学是不是比较接近大我的境界？

我理解你的意思。要是按照心理学的思路讲，可能是这样。但后现代心理学还是小我的思路，还是现象学的，只不过，对心理现象的归因和之前有点不一样。后现代更加广泛，或者更加混搭，或者更加其它什么，但是还是现象层面的，不是本质层面的，所以仍然达不到大我。就好像后现代主义，包括萨特等人说的写的，看着都很对，但是导致了虚无。例如很著名的《存在与虚无》。但是这个虚无并不是禅宗所说的那个无，它不是本质而是现象，是表层不是深层。当然，我的理解也可能不对。

9.老师，在觉知中常可同时看见自己本我、超我及自我的感受冲突等，它们在觉知中会同时呈现，那份当下觉知意识能否理解为那块人人都有的电影幕布？

在一定程度上可以这么理解。看到了幕布，没有问题，是对的。但是就像刚才我说的，那个真正的自我，或者说大我，是同时看到自我本我超我，再加上那块幕布才行。大我确实比较难理解，而且本质上它无法理解。人们只能理解有，不能理解无，所以必须变换一个思路才行。这个变换对大多数人来说确实有点困难。实际上只能通过实修变换，没办法通过逻辑的思辨变换。逻辑思辨本身这条路走到这里，前面就有块牌子写着此路不通了。用逻辑思辨可以理解小我，但是理解不了大我。这个工具不太对。大我小我本身不兼容，或者说理解的方法与体验的方法不兼容。怎么办呢？反复地说，反复地听，然后实修。

🦌 10. 到了二十楼会不会掉下来，只留下一段二十楼的记忆？

可能。往往一下开悟了，然后不接着修，就退回去了，很容易退回去。必须得完全修到位，而且能够待住才行。修的功夫应该是非常的长，得按十年算，得几个十年，而不是几年。禅宗那些老和尚们，都是修的几十年。记得有一个禅宗的开悟者说过：老僧三十年来才打成一片。打成一片就是到了二十楼，不再下来了，不再回到一楼。他就在二十楼那个高度上做事情，已经完全自如了。但达到这个程度，确实比较困难。所以禅宗强调悟后起修，就是说大体上先从理论上明白了有二十楼，也大体上明白了从哪里上，这就是小悟了。然后真正深入进去修。修的主要方式就是打坐，或者在生活中体验。但是这种体验不是小我体验，也不是现代心理咨询的督导，方向得朝大我走才行。然后慢慢进取，等到真正修到了二十楼，你才知道，哦，这么回事。也就是必须知行合一，只知没有用，必须要行。修行要的是体验，不是理解。即使竭尽全力去理解，实际上还是说不清楚。

举个有点近似的例子：学骑自行车。开始歪歪扭扭，容易歪倒，最后就不倒了。教你骑车只能跟你说，把握好两个车把的平衡，车把不歪，车就不会歪倒了，道理只能说到这儿。道理说得没错，很清晰、很正确。但对你练车有帮助吗？基本上没什么帮助，你就得去慢慢摸索，先歪歪斜斜地练习。而且我相信，你自己都不知道，哪一次你忽然就会骑了，骑上再也不倒了。你也说不出来为什么就会了。你没办法知道得那么清楚，当然也就没办法表达清楚。

学游泳也一样，把你扔下水，你开始往下沉，然后你扒拉来扒拉去，你不知道怎么就不沉了。

修行也是这样，它是一种体验和训练，不是一种理解。修行的程序不是一个可理解的程序，必须换一种思路才能进入。所以用现代心理学的思路不行，因为它的思路和方法与修大我冲突。而本土的心理学恰恰是能够朝大我方向发展的，有这种可能。我们不能够用现有的心理学方法，但是可以创造出一些方法朝大我走，本土化不就是这个方向吗？

11. 老师，精神分析主张匿名、节制、中立。但您这种方法是让来访者向宗教靠拢，来访者本来没有修行的意愿，因为他还没有因缘进入哪个门派修行，这样可以

吗？就等于他来找你解决问题，你却把他领进了信仰之门，而信仰是自愿自发的。

这个问题有点和我讲的风马牛不相及。我讲的内容有宗教色彩吗？我让谁去信仰了什么吗？我说的意思是根本就没有信仰这回事，信仰本身在禅宗里其实是不成立的呀！自性是自己的本性，你需要信仰你自己吗？不需要。我只是说，把来访者引导到一个没有问题的地方。那个地方不是信仰，如果认为是信仰，就还是有问题。所以，我觉得这个问题是理解错了，我说的修行方向也完全不是信仰的方向。

我曾经说过：如果还有信仰因素，就没有修成。为什么呢？因为最终达到的境界是一，而信仰是二。信仰就是你在相信一个不是你的事物，这不是二吗？一个是你，一个是你相信的事物。但是你真正达到自性的时候，自性就是你自己的心性，那是一。且"何其自性，能生万法"，那个一就是一切。所以真正达到了修成的境界，不包含信仰因素。

我觉得以上提的大部分问题，都还没有抓住讲座的核心内容。但这很自然，不是不正常。学习传统文化一定会有这么个过程，尤其是从心理学转到大我，一定会有转弯的过程，有的人得转很长时间。所以现在这么提问我能够理解，我也知道问题到底出在哪儿，但我做不到一两句话就说清楚，只能慢慢来。转弯是一个熏陶过程，不是一个一蹴而就的过程。

🦌 12. 可是老师你一直在用佛陀举例子啊！佛教不是信仰吗？

我认为佛教的核心不是信仰。作为宗教来说，它有信仰的因素，有佛法僧三宝，包含信仰因素。但佛教的主要内容是佛学，宗教社团只是形式因素。佛学的修习并不依赖信仰，而是依仗修炼。佛学本质上是一个自我提升、自我成长的修炼过程，并非依靠信仰达成。但是社会理解佛教是宗教信仰，也不能说它错。因为如果不采取宗教的形式，佛学流传不下来。我认为佛教只是为了保存佛学而采取的形式。为了保存佛学，需要有一个形式，包含有信仰因素的形式，但佛学的本质不是信仰。当然，这是我的理解。我为什么这样说呢？佛教主张人人都有佛性，人人可以成佛。换句话说，你自己就可以成佛。这怎么可能是信仰呢？信仰一定是信仰一个外在的、非自我的事物。可以说基督教、天主教的本质是信仰，信徒需要信仰耶稣或者圣母玛利亚，信徒不可能成为耶稣或圣母玛利亚本人。但佛教不同，佛学所提倡的你自己修成佛，你自己需要信仰自己吗？不需要。道教也一样，你可以得道成仙。依仗信仰还是修炼，我以为这是东西方宗教非常本质的区别，不能混为一谈。

13. 老师：请问有的人修炼到达"无"，但是现实中拥有很少，比如老子、孔子他们都比较穷。如何理解这种现象呢？思想到了"大我"，现实生活过得贫穷。开悟了，是否物质精神都要同时好呢？

我觉得这个问题还是没太理解大我。修到大我，和是不是有钱，和是不是穷，没有必然关系。你可以是个富人，可以修到大我，你可以是个穷人，也可以修到大我。大我与你在社会层次中的成就没有关系，与你在生物层次上的成就也没有关系，它们不在一个层面上。真到了大我的层面，有一种精神上的存在是社会层面和生物学层面达不到的。有人说那是在享清福。与清福相对的是洪福，洪福就是尘世间的福，可以说是社会生活中的福分，就是名利地位这些吧。真修到大我的时候，并不是指可以得到或者不可以得到这些，大我不在乎这些，不认为得到或得不到这些能怎么样。比如说佛陀，你说他穷，人家是王子，怎么穷啊？他不穷。他得到了洪福之后，觉得这些都不算什么。有钱又怎么样？有名又怎么样？不是过些年就会死吗？这些有什么用？佛陀要解决的是生死问题，而为了解决生死层面的问题，需要越出生物层面和社会层面，所以他走向了宇宙层面。宇宙层面无得失，和其他两个层面无法并议。所以不能用衡量那两个层面的标准去衡量大我，衡量的标准不是一个体系。真修到了以后，

就会知道为什么大我比小我重要。在没有修到的情况下，衡量事物的标准还是小我层面，会觉得他们很穷。但是他们是这么觉得的吗？可以肯定地说，他们不这么觉得。

第三讲
老庄的无为与罗杰斯的人本

老庄和人本主义的无为，都是"无为而无不为"。老庄的学说是让人无为、天或自然无不为，人本主义的来访者中心疗法，是让治疗师无为、来访者无不为。

在这一讲之前，我还是想再说一下大我和小我的问题。大我和小我的问题非常重要。

小我的行为模式大家都比较熟悉。大家日常生活中看到的人的各种行为模式，基本上都是小我的，大我的很少见。那么大我的行为模式应该是什么样的？我想再解释一下。不过我事先声明，任何解释都是不准确的，都只是指向月亮的手指，但并不是月亮。至于能不能通过手指看到月亮，那是各位自己的事了，我能做的就是指一下，还可能做得不够准确。

回到我最开始说到的那个例子，我2003年到德国图宾根大学去做心理学高访学者的时候。在那里讲大我小我的问题时，有个教授就对我说，我的自我要是没有了，我的老婆、我的房子、我的车子怎么办？于是大家哈哈大笑。我觉得他提这个问题的时候，有开玩笑的成分，但也是很认真的。从小我的观点看，这个问题挺合理。如果我不在了，那么属于我的事物，我的东西，怎么办？我有好多东西，好多家当，它们都是我的东西，我不在了，这些东西不就得重新寻求归属吗？当然可以有各种各样的处理方式，卖了、送了、捐了、改嫁了，等等。但所有这些处理方式，都不是大我的。捐了，做慈善，还不是大我吗？不是。

为什么呢？因为从大我的角度看，从来没有哪样东西，真正属于过你。你走了，什么也带不走。你赤条条来到这世界上，然后又赤条条走了。你带不走你的房子、你的车子，也带不走你的妻子，你什么都带不走。这些生不带来死带不走的事物，怎么能说真正属于你呢？它们从来就没有真正的属于过你。再往深说一步，你的生命也并不属于你。你并不知道你自己什么时候来到世上，也不知道你什么时候走掉。你的生命过程就好像是坐了一回高铁，不知道从哪一站，你就上来了，而到哪站下，你也不是很清楚。你就是在高铁上稀里糊涂地坐了几站，从哪儿上从哪儿下，你自己根本决定不了。

所以你的生命，可以说只有一段时间让你使用，但是你对它并没有所有权。你并不能说这个生命是你的，因为你根本就不能把握生命，而是被生命所把握。所以要记住，你实际上什么都没有，而且从来就没有过。有人买房子的时候，纠结是买的使用权还是所有权，我听到了在底下暗自发笑。

你怎么可能买所有权？你买的所有权实际上不就是使用权吗？你从来就没所有过任何东西。房子你能拿走吗？它怎么属于你呀？就算你把它传给子女了，他们也还是只有使用权，不可能有真正的所有权呀！如果能这样考虑问题，就有点接近大我了。

还可以再深挖一步，那就是：你也不存在！你根本就不是什么存在的事物。记得曾经在一次佛学和心理学的对话中，和尚问心理学家：你总说你的你的你的，哪个东西是"你"，指给我看看。心理学家往自己身上一指，和尚说，这是你的身体，你的身体是你吗？心理学家语塞。

同样道理，你的名字是你吗？你的衣服是你吗？实际上你说不出一个"你"究竟是什么。你只能说"你的"是什么，你的名字，你的衣服，你的身体，你的照片，你的房子，你的家人，但是，这里面并没有你。凡是被称为"你的"的事物，都不是你本身。然而，"你"在哪里？那个不是"你的"的你在哪里？找不到呀！所以真往深里挖的时候，个体根本就不知道自己到底是怎么回事。因此老庄、佛陀就认为，自我根本不存在，只是个幻觉，人生如梦说的就是这个。这就是传统文化对人格的认识，心理学肯定不这么认为了。大我，是指那个实质上根本找不到的我。

说个历史故事，真人真事哦。禅宗的初祖达摩到中国的时候，见到梁武帝，话不投机，就跑到少林寺旁的山洞打坐打了九年，入静程度非常深。有多深呢？据说小鸟在他肩膀上搭了个窝，他都不知道。二祖慧可去找达摩的时候，起初达摩不理他。慧可就一直站在外面等。下雪了，他还是站在那里，膝盖都被雪埋住了，他仍然不走。达摩看在眼里，但还是不理他。慧可等来等去，实在没办法，就把手臂剁下一只，给达摩献上，以表示他一定要追随达摩学法的决心。

达摩一看，这小伙子确实有诚意啊，就对他说，你来找我干嘛？慧可就说，文言的原话是"吾心未安"。达摩回应说："将心来，吾与汝安"，就是你把心拿来，我给你安。慧可有点傻了，他知道这个心不是指心脏，不是指肉体的心，而是意识的心。慧可当然是有悟性的，停顿了片刻，他说："觅心了不可得"，就是说，我找了，但找不到心在哪里。慧可说的这个心，其实就是他的小我，或者是他的自我意识。然后，达摩的回话特别有意思，他说："与汝安心竟"，就是我给你安心已经安完了。你不是找不着吗？找不着还安什么呀？达摩的回答，就是告诉慧可，那个找不到的心就是大我。大我那里没有任何问题，用不着安。

从佛道的角度看，真正存在的只有大我。大我没有"我的"，只有我。大我的一切都是我，我的也就是我。怎么理解呢？比如说你今天住五星级酒店，你有一天的使用权。这一天的使用权，实际上就可以相当于是一天的所有权，使用权就是有期限的所有权。你有了一天酒店的使用权，实际上这一天你就拥有这个酒店。你可以认为，这一天五星级酒店就是我的，因为可以随便使用啊。你就是完全买下这个酒店，你不也就是随便使吗？现在买了一天，这一天随便使，这一天不就是你的吗？在这个意义上，你就拥有了这个酒店，虽然只有一天。好，把这个思路放大。一个五星级酒店如此，那么你现在住在地球上，以同样的思路，你可以认为，你活的这一辈子里，地球就是你的呀，对不对？跟住酒店的一样，在你活的这一辈子里，对地球有使用权，相当于你对这个地球有所有权嘛。好，再放大，你这辈子住在宇宙里，宇宙不也就是你的吗？道理是一样的呀！

所以，大我小我的视角很不同，区别很大。从小我的视角看，你的房子，你的车子，你的妻子，你如果没了它们怎么办？她怎么办？问的确实很有道理。但是从大我看，这些问题根本就不成立。因为它们或她从来就没属于过你，而且你也从未属于过它们或她。你和它们或她一样，都是大我的组成部分。无论你和它们或她在一起或不在，都在同一个大我之中。

但还得加一句，以上说法就是大我了吗？不是。大我没这么矫情，没这么计较，大我是 stop thinking，什么都没有。

要有这么复杂的想法，肯定不是大我，而是以小我之心度大我之腹，不是那么回事。这些说法和逻辑，多少能够帮助你打破一些小我的观念，打破你对小我的执着，知道大我大体上是朝哪个方向努力。

一、无为与人本的表述

老庄的学问是汪洋大海，罗杰斯的学问也很深刻，只打开一个小小的视角，让大家看看传统文化和现代心理学有哪些差别，在哪些方面可以有沟通。

老子的《道德经》其中第二章说"是以圣人处无为之事，行不言之教"；第三章说"为无为，则无不治"；第三十七章说"道常无为而无不为，侯王若能守之，万物将自化"。这些话都强调无为，这个无为的意思，就是不要做太多的人为干预。无为的目的是要达到无不为。而所谓无不为，就是让自然规律充分发挥作用，让事物按其自身的发展方向和节奏完成其自然使命。圣人处无为之事，是要无为而无不为，圣人行不言之教，是要不教而实现教化。侯王守无为，是要无为而治。

总之，人们如果不囿于自己的眼界和想法，抛弃自己的偏见，减少不必要的人为干预，万事万物就会按其自然规律生长壮老矣，自然和社会就会和谐平衡。庄子讲的更清楚。

庄子在《天道篇》里说:"静则无为,无为也则任事者责矣"。这句话的意思是,君王静下来,不做什么,该做事的人就会自己负起责任去做。也就是说君王不必去做臣子的事,只要明察秋毫,看着就行,把事情交给那些能够做事的人去做,他们就会负起责任。无论是老子还是庄子,都强调让事物按照自然本性发展,不要人为干预太多。按道家、佛家的俗语,就是顺其自然,随缘处世。

以上减少人为干预、顺其自然的基本思想,与罗杰斯来访者中心疗法的治疗关系原则很相似。罗杰斯对心理学最有价值的贡献,就是他创建的治疗关系三原则:一个是真诚,一个是无条件积极关注,再有一个就是同感或者共情。其中的无条件积极关注,就非常像是无为而治,或者说就是无为而治。罗杰斯认为,治疗关系本身就有很强的治疗作用。甚至有不少心理学家认为治疗关系的治疗作用比治疗技术更重要,首先要有治疗关系,在治疗关系的条件下,治疗技术才有作用。记得当时评选近百年来最有贡献的心理治疗师,罗杰斯排在第一位,历史上许多心理学家创造了很多治疗方法,但是提出治疗关系的原则,罗杰斯似乎是独一份,确实有他的独到之处。

二、天道与人道：无为与人本的不同前提和归宿

1. 大我与小我

现在来分析一下，老庄的无为和罗杰斯的人本有什么不同。他们都在尽量减少人为干预，在这个意义上都是无为。但二者的无为确实有不同。我觉得这个不同有点像是大我和小我的不同，或者说是着眼于大我的无为和着眼于小我的无为的不同。

刚才谈的老庄的无为不在人格层面上，不是以任何人为中心，而是以天道、天德为中心，是以万事万物发展的自然规律为中心。在人格层面上，老庄的无为是尽量减少人为干预，而无不为是让事物按自然规律发生发展变化。简言之，老庄的无为是顺应天道，而不是顺应人道。这就与罗杰斯的无为有了范围和性质的差别。

那什么是天道呢？《道德经》第二十五章说："人法地，地法天，天法道，道法自然"。人取法于地，地取法于天，天取法于道，道取法于自然。道就是自然而然。就是"道常无为而无不为"，就是给万事万物提供生长壮老矣的环境，但并不去干预它们的发展过程。于是万物共存，生杀平衡，自然界和谐运行。将此宗旨运用于人类社会，老庄提出的为君之道就是"道常无为而无不为，侯王若能守之，万物将自化"。《道德经》的"道"就是天地间总的自然规律，而"德"

就是道的实施和显现。或者说道是体，德是用，也就是说如果按照道的规律做事情，那个做法就是德。

所以，老庄的无为是站在自然之道的基础上，是人无为、天为之。但人也是万物之一，也是天的一部分，道家强调天人合一，就是说人和万物一致。所以天的性质、道的性质也会投射于人，成为人的格调的一部分。如果借用心理学的思路和表达术语，无为而无不为，可以说是人的人格无为，人的"天格"无不为。"天格"是我杜撰的词，用于和人格对应，表现比人格更高一层次的人的格调属性。故所谓"替天行道"就是人按其"天格"行事。

罗杰斯提出的来访者中心疗法，还是以心理学中发展出来的人格理论为基础，认为只要给予良好的接纳环境，来访者的人格会自行完善。而完善的路径就与和他同时代的人本主义心理学家马斯洛提出的人格发展的七个需求层次一脉相承。这七个层次的需求是：生理需要、安全需要、归属与爱的需要、尊重的需要、认识需要、审美需要和自我实现的需要，这七个层次的需要就是人格自我发展完善的心理动力。

这一追求人格自我完善的需求动力学说和弗洛伊德的内驱力是不一样的，它不强调力比多，而认为人的生理和社会的需求是人格发展的动力。生理需求可能包括弗洛伊德的力比多，但是马斯洛说的不仅仅是力比多，还包括别的需求，例如吃饭、睡觉、运动等等。其它如安全需要、爱与归属的需要、尊重的需要，还有审美的需要，都是社会性的，超出了个体的直接需求。所以人本主义的人格发展的动力，与弗洛伊德完全出自个体生理的内驱力视角不同。然而，如上所述，人本主义的自我实现需要，还都是人的生理和社会层次，并没有达到天人合一的层次。所以人本主义是本于人格，而不是"天格"，即本于个体的生物学和社会学人格，还不是天人合一的人格。

老庄和人本主义的无为，都是"无为而无不为"。老庄的学说是让人无为、天或自然无不为。人本主义的来访者中心疗法，是让治疗师无为、来访者无不为。所以老庄的无为转化为天或自然有为，来访者中心疗法是治疗师无为转为来访者有为。老庄的有为无为转化是人天转化，来访者中心疗法是人之间的主客角色转化，故转化层次有所不同，老庄的无为以天道为本，随天道之缘，罗杰斯的人本，以人道为本，随人道之缘。当然，天道的范围要大于人道。此外，老庄的无为是让位于天，可以完全放下，来访者中心治疗师的无为，是让位于来访者，但其实有所保留。他要完成无条件积极关注、真诚和共情，这就不可能是完全放下。这些治疗关系在治疗室之外很难完全实现，是作为治疗手段在治疗室内塑造出来的，所以还是人的作为。

2. 半途与终极

还有一个方面我觉得很有意思，就是人格成长的尺度问题。随天道之缘和随人道之缘，最后对来访者的人格发展带来的结果，实际上并不一样。我的个人观点，来访者中心的自我实现，或者说马斯洛的自我实现，在个体人格发展上并不彻底，尚未到达人格发展的顶端。人格发展的顶端是实现大我，而不是实现小我。小我的自我实现实际上很难完全，如果不上升到大我的话，小我的实现有局限，是半途而不是终极。

就人格的发展而言，这个学说仍然不彻底。罗杰斯的晚年有了神秘主义倾向，在他的夫人去世之后，他请了灵媒和去世的妻子沟通，就是与逝去的灵魂对话，他认为获得了成功。他在1980年说过这样的话："我在考虑，可能我们每个人都是一个在时间上持续不灭的精神实体，只是偶尔肉身化为一个人的形体。"这是他晚年说的话。这话确实是向神秘主义靠拢。这也可以理解，因为罗杰斯早年是读神学院的，而且当过一段时间的神父。

罗杰斯的变化是自然的。就解决人格发展问题而言，神学在心理学之上，比心理学要高一个层次，因为它涉及了人格的永恒、永生问题。小我的自我实现达不到这个程度，所以在小我的自我实现之后仍然得不到完全的解脱。

我相信罗杰斯本人的小我是比较完善的，他的人生经历比较复杂，而且他很特立独行。他在六十多岁的时候，从美国的这头跑到那头，重新创业。他很有勇气，也很有成就。我认为他的小我是比较充分发展的，已经基本上到达了自我实现的水平：他想做的事都做了，而且他做得相当成功。虽然也有各种各样的挫折，但是总体来说，他的小我确实实现了呀，他被认为是近百年来排名第一的心理学家啊！要说他还没有自我实现，有点说不过去吧？但是自我实现了以后，他为什么还会走向神秘主义，为什么走回他从神学走出来的那条道？我觉得就是心理学解决不了人格发展的终极问题，对于人格的认识，达不到与宇宙共存的高度。怎么办呢？我觉得在西方文化里，宗教提供了一条出路：自我实现解决不了的问题，可以交给上帝。当然东方文化里也有宗教，例如佛教道教，但意义有所不同。

　　在西方文化的上帝那里，所有的终极问题都可以解决。个体解决不了，扔给上帝就行了。所以，为了实现更上一层楼，西方的心理学家、西方的文化，有神学做终极的支撑。实际上西方文化始终没有摆脱有神论。现在的美国总统宣誓就职，不是还是手按圣经吗？美国独立宣言最后一段的第一句说："我们坚定地信赖神明上帝的保佑，同时以我们的生命、财产和神圣的名誉彼此宣誓来支持这一宣言。"注意啊，这是美国独立宣言的原话。这多少可以说明，虽然西方的科学很发达，但是由于解决不了终极问题，最终还是需要请出上帝。如果说独立宣言是历史，但美国总统特朗普是现任。他今年（2017年）七月一号，在庆祝美国独立日时说："最重要的是我们相信，美国人崇拜的不是政府，而是神"。这也是原话。如果从人格的发展来说，我认为西方至今没有发展出能够真正解决终极问题的人格独立，也就是没有达到人格的大我水平。

老子《道德经》的核心就是道法自然。庄子的《逍遥游》说："无所待而有无穷"。他说对世俗之物没有任何依赖，与自然化为一，不受任何约束的游行于世间，就是逍遥游。

老子和庄子都没有神秘主义色彩，他们达到了人格发展的顶端，或者说是人格的天格阶段，就是天人合一。请注意天人合一不是与神合一，没有神的概念，是与宇宙存在的合一。大我就是天人合一境界。所以，咱们老祖宗不迷信。东方和西方，谁的人格发展充分呢？东方。西方说来说去还是回到神那儿，因为解决不了终极存在的问题。而老庄的思想，我们传统的文化，能达到人格的彻底提升，与自然合一的提升。

记得我有一次与心理学界的一位虔诚的基督教徒辩论，辩论了很长时间，当然谁也不可能说服谁。而且我也不大着力于说服对方，因为我对于辩论或讨论，宗旨是表达好自己的观点，对方接受不接受我不大在意。对方要想说服我，要说的对才行，如果说的不对，我也不着力反驳，但也不会赞成。那次辩论到最后，他说历史上和现在有那么多聪明人，谁谁谁，都是基督徒，而道家佛家有几个信徒？我就说，人数不是最重要的，真理有时在少数人手里，等等。这些话其实都没用。我提出的最关键的论点是：从心理学角度、从意识活动看，大我是进入了stop thinking的意识状态；我问他：如果个体进入了stop thinking状态，上帝在哪里？其实，上帝就不在了呀，因为上帝是想象出来的事物，不想就没有，而想象是意识的thinking状态。stop thinking状态排除了想象，上帝如何能存在？他听懂了这个问题，不说话了，没词儿了。然后他说，stop thinking不可能，根本做不到。我就说stop thinking可以做到，好好修炼一段时间就可以做到。stop thinking之后，上帝不在了，但大我在，或者说佛在、道在、涅槃在、开悟在，那个状态就是。我知道我不能说服他，但是他不再回应，这场辩论就结束了。

如果从心理学角度分析，在上述辩论中，我说的大我是意识的状态变化，他说的上帝意识是一个认知，二者的差别是元神状态和识神状态的差别。从thinking到stop thinking，是意识状态的变化，涉及自我的成长。因为自我是对自己存在状况的认知。Stop thinking 之后，认知过程停止了，出现了一个新的、更为宽阔的意识状态。从自我的角度看，认知被超越了，上升到了一个新的高度。而想象出上帝的存在，是在原有的认知过程中增加的一个认知，不涉及意识状态的变化，也就无关乎自我或人格的成长了。

所以别看老庄和罗杰斯很像，罗杰斯的人格发展也很不错，但从人格成长的深度来说，罗杰斯达不到老庄的深度。罗杰斯的人格发展已经达到了心理学能够达到的顶端，触到了天花板，这个天花板也就是上帝了。而沿着老庄的人格发展道路往上走，走到头，就穿破这个天花板，使人格的发展和宇宙本身同一。二者哪个更伟大，哪个更深刻呢？显而易见。

所以从人格的成长来说，只有跳出小我，从人格跳到天格才行，否则就只能跳到上帝那儿。反正只能跳一边，要不跳这边，要不跳那边。我觉得东方这边不具备神秘主义色彩，也不需要信仰，只要真正放松下来，实现了天人合一就行了。天人合一不能用小我去衡量，语言表达不清楚那个状态是什么，因为 stop thinking，就没有语言可以表达，语言都是 thinking，所以说出来的一定都是错的。佛家"说即不中""言语道断"就是这个意思。宗教是可以说得出来的，所以不是大我。

总之，我认为在人格成长方面，东方比西方强。西方的小我实现了以后，上面就没了，只能用一个想象的上帝去代替，东方在小我上面还有大我，大我可以实现小我的解脱，且这种解脱并没有迷信色彩，是一种真实的解脱，要比以上帝替代深刻得多。老庄还认为，自然界没有神灵主宰，万事万物都是按照自然规律发生发展的，所以道家与道教还不是一回事，道家学说不是宗教学说。stop thinking是一个意识境界的真实存在，不是信仰，也不需要信仰。

三、来访者中心疗法的本土化问题

来访者中心疗法所提供的治疗关系，无条件积极关注、真诚、共情，在临床实际案例的应用中，适合于人格比较独立的来访者，适用于对治疗关系有深刻体会的咨询师。如果双方都合适，这个疗法就可以取得较好的疗效。来访者的自觉意识比较好，对自己的人格发展需求有明确的认识或感受，咨询师也需要有真诚、无条件的积极关注和共情的能力与经验，双方能够契合，疗效一定不错。

但我觉得中国人的人格特征，中华民族的人格特征，和西方还真的有不小的差别。例如，不少来访者个体人格的完整性并不是很清晰，边界性不明确。最简单的，在西方文化中，请客AA制很自然，你付你的我付我的，边界非常清晰明确。中国人请客这种情况就比较少见，大都是请客的人付钱，谁请客谁付钱，好像天经地义。你请我吃饭当然是你付钱，要不怎么叫请客呢？现在年轻人AA制逐渐流行，这也意味着年轻人的人格边界在逐渐清晰，但目前还未必是主流。又比如咱们是哥儿们，哥儿们就没什么界限，拍拍肩膀就行了，而拍肩膀其实就是在抵消人格界限。

记得几年前我女儿到英国去留学，第一年回来时我问她：中国人和英国人有什么差别？她就跟我说了一个比喻，我觉得很有意思。她说比如都是一碗饭，英国人的饭是一粒米一粒米的，中国人的饭就黏糊点，往一块儿粘。还真就是这么回事，人格边界很清晰的来访者，做人本治疗就比较合适。但中国文化中一个人的事，往往也是他们家的事、他们单位的事，这就超出了一个人的人格边界。这种情况做人本治疗，可能没那么容易，需要先梳理清楚。

另外，很多国内的来访者就是希望咨询师给予明确的指导，哪怕是说教也行，要得到具体的方法和结论。让他自己去探索内心，探索自我发展，虽然可以引导，但有时候确实比较困难，还不如就给他个什么方法让他照办。中国人有自身心理发展的特点，这与中国社会数千年的发展历史有关。这些特点不是去评价它好或者不好。一粒米一粒米的饭好，还是粘在一块儿的饭好？各有各的长处，也各有各的不足吧。

心理咨询就应该针对各种不同情况给予不同的处理，而不同的处理就需要有不同的方法。

来访者中心这个表述，我个人觉得好像也不太准确。我认为来访者中心的说法有点虚。来访者来找咨询师解决问题，是来向咨询师求教，怎么可能以他本人为中心呢？无论什么情况，都是治疗师为中心，来访者就没办法在中心那个位置待着。他要能待着，就不来咨询了。正是因为他出现了问题，需要求助，才来咨询的。求助当然是来访者听咨询师的，怎么可能反过来呢？当然来访者中心的含义，是强调要顺应来访者自身发展的需求因势利导，但这个名称容易引起误解，让人以为是咨询师围着来访者转。

我觉得无论什么疗法，都是以治疗师为中心。这一点对于中国的治疗师还挺重要，我接触的一些带有本土化色彩的心理治疗技术，包括我的移空技术，都是以治疗师为中心。治疗师给予来访者明确的指令，让他执行，效果也不错。也许这是适合我们国人的一种治疗关系。我不反对来访者中心的治疗关系，共情，积极关注和真诚，这都是非常必要的，但我不认为这样做就是以来访者为中心，当然也可能是我的认识有误差。我强调东西方的治疗关系可能有点差别，不知道怎么准确表达，就用了一种好像是批评来访者中心的语气，其实我并没有批评的意思。

最后我再强调一次，东方和西方在对人格的认识上，根本差别就是大我和小我。西方心理学认为的人格就是小我，而东方的传统文化里面认为的人格，本质上是大我。大我并不否定小我，但认为人格的本质是大我，最终得回到大我那里才是终点。西方认为自我实现就行了，自我实现是小我的。所以东西方人格本质的归属，差别其实很大。为什么需要发展本土化的心理治疗技术？我觉得就是要开发出能够辅助东方人格成长的心理干预技术，解决人格发展的深度问题。

四、问答

1. 人格边界不清难道不是人格发展水平低吗？不同的咨询方法是在技术层面发展小我，并不能说中国人每个人天生就有老庄的大我层面了呀！

对呀，我没有说中国人天生就有大我呀！实际上中国人里面达到大我的也很少。我只是说中国人的人格边界比较模糊。这个边界模糊是不是小我不完善，我觉得这么说也不准确。小我里面有两个部分，一个部分是个人的，一个部分是社会的。或者说，小我是个体性存在与社会性存在的融合。西方的人格特征偏重于个体性，东方的人格特征偏重于社会性，所以东方那碗饭有点发黏，西方那碗饭是一粒一粒的。但个体性和社会性都属于小我，两方面的比重东西方有点差别。宇宙性才是大我呢，所以东方人也并不是天生就有大我。

🐎 **2.循序渐进的修炼和所谓的立地成佛、回头是岸的顿悟，在最终境界上有什么区别吗？**

没区别。顿悟和渐修看你怎么理解，二者并不是时间上的差别。顿悟，可以顿二十年，渐修，也可以渐二十年，时间长度上可能没差别。但顿悟和渐修的修法不一样。哪儿不一样呢？举打靶做例子，渐修就是一环一环打，先打一环，再打二环，再打三环，一环一环进步，最后打到十环，就修成了。顿悟就是只认十环，九环都不算，只有十环是目标，直接打十环才算。所以顿悟的时间不一定短，渐修的时间也未必就长，两者的视角不同，对修炼者的要求也不一样。修顿悟的人，对大我得能体会和理解，必须一眼能瞧见大我，能看到十环。但是渐修，不太理解大我也行，可以边修边理解，可能一开始瞧不见十环，只能瞧见外面的大圈，那大圈可能是六七环，一环一环往里打，最后瞧见十环了，打中了。所以顿悟的人要求比渐修的人有更好的悟性。禅宗说顿悟的修法，只适于根器最好的人，缘由在此。

🐎 **3.如果通过本土化的心理咨询让一个人的人格边界清晰了，那么他会不会反而不适应中国的文化了，会不会成**

为一个异类？

如果是这样的话，那是咨询师的失职，引导错了。实际上要让来访者知道，小我里面有两个部分，一个是个人的部分，一个是社会的部分，两者平衡发展才好。西方社会里有些人社会化部分就不好，反社会倾向比较多，这是他们的弱项。东方的长项是社会部分好，但是个人部分不太好。所以可以让来访者发展起人格的个人部分，但并不去削弱社会部分，这才是比较正确的咨询方向。咨询师应该有这个认识和责任，而不是把这个责任归给来访者，人家来找你咨询嘛，你当然应该有适当的引导才对。

4. 按照以人为中心的观点，如果在一个真诚、无条件积极关注、共情的环境中的个体，他按照自己的感受，或者内在的发生活着，或者感性的自我活着，这个是属于小我完善的部分呢，还是属于大我在生命个体中的体现呢？

这个问题问得有一点深度。这要具体情况具体分析。总体说来，如果来访者有大我的自觉，就不来咨询了。如果来咨询，来访者的自我应该说还是在小我上。他有问题，在共情、真诚、无条件积极关注的环境下，你帮他解决了，那就是小我的问题。如果是一个大我完善的人，根本不在乎你是不是无条件积极关注他，也不在乎你是不是跟他有共情，或者你是不是真诚。

5. 很好奇老师怎么看待西方作为分科之学的社会科学？比如经济学、社会学、政治学、地缘学等等。

我没太弄清楚这个问题要问的是什么。我觉得分科之学就是分门别类研究事物，就是没有整体，只看一个一个的片段。针对一个片段可能是对的，但是整体如何，不太清楚。我举个例子未必很恰当，你上中关村的口腔医院看牙，那是全国最高级的口腔医院，将牙科又分成了几十个科。要补一个牙，得转好多个科，分科非常细。比如说给补上的牙上色，就好几道工序，上了色之后，还得把色给做旧，跟你原来旧牙的色一样。上色和做旧是两个不同的科室。这并没有什么错，但不是整体看问题的角度。而且这么看来看去之后，可能就看不见整体了，不再关注这颗牙在满口牙中的位置和作用了。例如这颗牙如果位置在最里面，是什么颜色根本就不重要，除牙科医生之外，自己看不见，别人也看不见。所以分科之学的无尽发展，不知道它最后如何回头。

6. 普通人怎么做到无为？

无为无所谓是不是普通人。一个达官显贵，一个北漂，或者是一个扫大街的清洁工，无为都一样，没有什么特殊性，没有差别。老庄说的无为，是顺应自然之无为，也就是顺应天道的无为，不是顺应个人的无为，所以不问个人的差别。如果是适应个人的无为，那就是人本，就去找罗杰斯，找人本主义心理学家咨询就行啦。要顺应自然的无为要去学《道德经》，学老庄，两种无为有差别，先要搞清楚才好。这是方向不一样，小我大我的不同，小我的无为各有各的，大我的无为都一样。

🦌 **7. 佛教的超越，轮回，涅槃，最终解脱，应该怎么理解？**

就是回到大我。不管用什么词，超越也好，涅槃也好，最终解脱也好，都是一个意思，都是回到大我。轮回可能要另说，它说的似乎是一种在小我范围内的轮回，可以这么理解，但实际也不是一般的小我，轮回的永恒部分还应该是大我的体现。

🦌 **8. 罗杰斯提出的关于内在评价或者按照体验的自我活着，这部分内在的体验是否属于天道的一部分呢？**

这得看来访者自身的悟性。在西方文化里的自我体验或内在评价，达不到领悟天道、天人合一的程度，在传统文化里可以达到。能够领悟天道才可能属于天道，如果只能领悟人道，那就还在人道。

9. 大我是一种意识超越的永恒觉醒的存在体吗？

你可以这么说，但这么说是一种肯定性的回答，不可能准确。我觉得从心理学角度相对准确的表达，大我就是stop thinking的状态。至于它是不是永恒，其实没有意义。stop thinking状态体验不到时空，或者也可以说时空并不存在。如果时空不在，永恒何在？

10. 跳过小我直接修大我，有没有可能修成自大偏执妄想狂？

有这个可能，那就是走火入魔，出偏了，但这恰恰是没有跳出小我。比如某些邪教头目可能就是这种人。真正修大我，只要方向对头，不会出现这种问题。想想看，stop thinking了，怎么会这样？小我的自大偏执，有很多想法才会出偏。真的在一个stop thinking的状态里，怎么会出偏呢，怎么会修成自大狂呢？无偏可出，无我可大呀。

11. 汉朝文景之治中的治国无为之治，是皇帝的大我修炼吗？

不知道。按照老庄的思想，道法自然，皇帝就是实现道法自然的执行者，所以古人称君王为"天子"。老庄认为君主正当的做法就是无为，就是别管太多，让自然的规律和法则自然运行。具体到每个皇帝是不是修到大我就很难说了。如果说老庄当皇帝，可能是这样，其他的皇帝，是不是真修到大我水平，不知道。但是无为之治，可以是皇帝的一种治国策略，就是要让底下的臣子们各司其职。但某一位皇帝是不是有这种水平，这要问历史学家了。

🐴 12. 大我是无，与宇宙合一，如何用在现实中呢？

我觉得这个理解还是有点偏差。大我为什么要用？大我就是你本身，你的存在本身，你本来就是宇宙的一份子。它有什么用？你活着，你存在，就是它的用，并不是说你还能用它做什么，不是这个意思。

🐴 13. 个体有三个终极关系问题：与自己、与自然、与他人，大我解决哪个问题？

我觉得问得还是有点不对。大我是一，它什么问题也不解决。你所说的还是分门别类地看待人和事物，有三种关系的问题：你和自己，你和自然，你和他人，已经有了对立。大我没有对立，你就是一切，还有什么问题呀？只要有问题，就是小我，大我本身是 stop thinking，哪会有问题呀！问题都是 thinking 出来的呀。

14. 为什么说永恒是无意义的？

永恒就是当下。因为当下就是没有过去和未来，而没有过去和未来，也就没有当下。过去、未来和当下都没有了，时间也就没有了。所以也就没有什么永恒不永恒了。

15. 修成大我的意义？

还是一样的问题啊，修成大我没意义。stop thinking 有什么意义啊？意义都是人去 thinking 出来的，大我就其本身而言，没有意义。

16. 大我与存在主义的存在就是虚无，有什么区别？

大我是存在本身，不是虚无。存在主义的虚无我了解不多，不敢妄加议论。

17. 修成大我就是解脱？

可以这么说。有些人修炼大我就是想要超越轮回，死后去一个无痛苦无烦恼之地，不再轮回，认为这就是解脱。我认为未必是这个意思。如果有人真的修到大我了，他会觉得轮回不轮回无所谓呀，他并不会回避什么，他也不会恐惧什么，而是会自然而然地接受所有到来的一切。

🐎 18. 西方的人格发展的终极问题，是不是与信仰有关呢？

老庄是道法自然，西方是信仰神。我认为只有神与信仰有关，自然与信仰无关。自然是存在本身，无所谓信仰不信仰。你本身就是自然的组成部分，信仰自然就是信仰自己，不需要啊。但是神，不是你的组成部分，是想象出来的，是你之外的事物，你的信仰是它存在的基础，所以宗教不能没有信仰。

🐎 19. 觉得修成大我就无所谓生死了吗？

修成大我还是有生有死的。人作为物质的存在，肯定有成住坏灭，肯定会死去。任何人都会死去，这是肯定的。无所谓生死，是不在乎生死，但生和死还是存在的。

🐎 20. 修大我有年龄限制吗？十八岁以内可以吗？

看了这个问题想笑。修大我不是征兵，没有年龄限制，什么时候修都行。但太小了，例如10岁以下，可能不行，对生命、生活的了解太少，得知道的事多点以后才能修。但修炼没有什么年龄的限制，起步不分先后，有志不在年高，方向对就成。

 **21. 佛学说佛，佛就是神吗？东方也有宗教，也信神呀。**

佛不是神，不是宗教意义上的神。佛是觉悟的意思，成佛就是成为觉者，觉悟的人。这是佛教和佛学本身的说法。

说东方也有宗教，信神也对。但东方宗教神的含义与西方不同。东方的神是你自己可以修到的，例如你自己可以成佛，可以成道。因为你自己能变成神，所以就没有必要信仰神。你自己能变成神，信神不就是信自己吗？但是西方宗教的神，是你变不成的，你修不成上帝，修不成基督，你只能信仰它们。所以东西方的神是完全不同的，西方是真正的神，东方的神不就是你自己吗？所以两者有本质区别。也因此可以说，东方的神还是人格的自我成长，而西方的不是。西方的神与人格成长无关，只是信仰。在这个意义上，东方的神不是神。

22. 能理解大我就是一种自然存在的状态吗？小我也是这种自然存在的组成部分？

这么说没有什么问题，但是说出来则是问题。想想看，大我是stop thinking，你说的任何话都是thinking，所以"说即不中"，说出来就已经不是。下面的话可能难理解：一旦形成认识，就不是 stop thinking 了，因为已经有了主客。

🦌 23. 大我的状态是不是人也会有行为，这个行为和小我有什么区别呢？

从外在的行为上看不出来大我小我的区别，外表上不显现。比如禅宗和尚接待客人，让客人喝茶去，谁来了都说"喝茶去"，但是禅宗喝茶和日常的喝茶不一样，指的是在禅修状态下的喝茶。这个不一样只在内在，外在看不出来。有个禅宗的公案说和尚吃饭和一般人吃饭不一样，一般人吃饭，狼吞虎咽或细嚼慢咽，评品滋味，浮想联翩，和尚吃饭仅仅只是定下心来吃饭，心无旁骛，专心吃饭。一个修行有成的人和没有修行过的人有什么差别呢？简单说来，修行有成的人没事的时候，脑子里是空的；而不修行的人脑子里永远是生活中的事情，永远是胡思乱想，没有空闲。由于修行有成的人脑子里常常是空的，所以做事情的时候就格外集中，效率就格外的高。外在的行为上看不出内在境界的提升。

🦌 24. 佛教里的如来佛、观音菩萨怎么理解？

我无法回答关于宗教的问题，宗教有自己的理论解释。如果关心宗教，建议自己去学。我从佛学和心理学角度简单说一两句。如来就是如其本来的意思，可以把它理解成大我。

菩萨是觉有情的意思。觉是觉悟、觉察，有情指普罗大众。觉有情就是自觉觉他，菩萨就是自己能觉悟又能够帮助众生觉悟的觉者。宗教意义可能还有其他，那就与心理学关系不大了。

25. 庄子的无为思想在心理治疗上怎么应用？

我觉得应用可以有多种方式。比如可以从罗杰斯人本主义的心理治疗上引申，还用他的真诚、无条件接纳、共情技术，但方向指向大我。当然你也可以创造出自己的技术，但前提是对大我真的有体会才行。

第四讲
王阳明的良知与荣格的集体无意识

　　王阳明和荣格都探讨了看来是先天的意识
存在。这种探讨打破了人类意识是由个人后天习
得的一般性经验。他们的探讨说明，人出生的时
候，意识并不如同是一张白纸。

有个同学说，大我和小我的概念，他已经清楚了，他已经理解大我了。我觉得这句话就有点毛病，因为大我是没有办法理解的，如果你要说理解了大我，那一定是错了。因为理解就是二，你理解了一个不是你的事物，这不就是二吗？但是大我是一。所以大我是不可能被理解的，也是因为这个原因，大我也不可能被表达。如果一表达，表达的事物就不是表达者本身了，因为表达也是二，不是一。所以，大我，至少在目前，我看不到它能够融入到心理学里来，因为心理学都是可以用文字表达的，大我做不到这一点。所以大我还得慢慢去体会。可以进入大我，但是，严格的说，没有办法表达大我。据说佛陀在临去世之前，说了一句话。他说，我说法说了49年，什么都没说。我觉得这句话想传达的意思，就是大我没办法表达的，佛陀说的法就是大我，传法只能用语言，所以说的都不准确，都不是。他去世之前特地做这个说明，就是让人们把握大我的时候，要穿透语言。

一、王阳明的良知

关于王阳明的良知，许多人都知道王阳明有个四句教，就是"无善无恶心之体，有善有恶意之动，知善知恶是良知，为善去恶是格物"。我还得说，微课讲经典很难，只能抽出只言片语简单地说一下。实际上王阳明的思想，佛禅老庄思想，都非常丰富，讲座只能引用一些格言式的句子作为其思想的代表，很可能挂一漏万，以偏概全。

先说说王阳明的良知观点从哪儿来。良知这个词最开始可能是出自孟子，《孟子·尽心上》有句话说："人之所不学而能者，其良能也，所不虑而知者，其良知也"。意思挺清楚，不学就会的，就是良能。比如说小孩子学走路，其实教不教都一样，到了三岁就能走。据说有人做过实验，教孩子学走路，三岁学会了开始走路了。但是贵州的一些少数民族，三岁以前是把孩子绑在背上的，根本就不下来，但三岁以后一落地，就会走路。所以走路并不是学会的，是孩子的本能，本来就会的。这就是孟子所说的前半句，人之所不学而能者，其良能也，不用学就会。这句话的后半句说，所不虑而知者，其良知也。说不用思考就知道的，就是良知，也是先天的。这整句话说的意思就是，人先天就有一些生理和心理的本能，不学就会，良知就是其中之一。王阳明显然是继承了这个说法。

王阳明在《传习录》里说："知是心之本体，心自然会知。见父自然知孝，见兄自然知悌，见孺子入井自然知恻隐，此便是良知，不假外求。"这段话说看见父亲，自然就会有孝心，看见兄弟，自然知道是兄弟，看到小孩掉井里，自然就觉得挺着急，这就是良知，不用学就会。每个人都会这样，不是外在知识内化的，而是自己本来就懂的。在这一点上，王阳明说的良知就有潜意识或者集体无意识的成分，所以拿它来和荣格做一个比较。王阳明和荣格说的都不是后天意识，都是先天的，是潜意识或是集体无意识里的内容。

王阳明讲过一个故事来说明什么是良知。有一次他给大家讲课，就是讲良知，讲了许久，学生们都没太懂。王阳明就说演示一下。怎么演示呢？刚好逮着一个小偷，他就把小偷叫到大家面前，让小偷脱衣服，一件一件的脱，脱到最后只剩下短裤的时候，小偷不脱了，觉得不好意思。然后王阳明就说：你们看，这就是良知。小偷听了还挺感动，觉得王阳明把他看作是有良知的人，非常感谢，后来就改邪归正了。所以王阳明说的良知显然是指与生俱来的道德意识。

王阳明把基本的道德观念看成一种天赋的、可以分辨自己善或者恶的道德意识。他认为这就可以叫作良知。

王阳明说的良知是指先天的，心里本来就有的。所以他才提出修养道德，要在心性上下功夫，也就是向内求，不是

向外求。他认为人心本来就有分辨善恶的能力，所以修心就可以修成圣人。圣人就是让内在的道德显现，而后知行合一，让内在的道德意识，体现成外显的行为，于是从身到心都是统一的，和谐的，这就是圣人。所以王阳明所说的成就圣人之道，也不是没有根据。只不过他的根据是内在的，不是外在的。他的心学的核心，就是发扬人的先天本能的良知。

但王阳明的心学之说也不是那么直白，他的四句教就非常鲜明的突出了其学说的认识过程和推理过程。第一句无善无恶心之体，第二句有善有恶意之动，第三句知善知恶是良知，第四句为善去恶是格物。良知在哪儿？在第三句，知善知恶是良知。其后为善去恶是格物。这后两句显然属于小我，因为已经有了善恶的分别，是二不是一了。前两句之后在与荣格做比较的时候再分析。这后两句已经进入了小我的范围。为善去恶是格物，格物是什么意思？格物就是规范自己的行为改正错误。格物还有分门别类的研究事物的意思，也等于是科学的意思，科学不就是分门别类的研究事物吗？

记得曾经听中国科技馆的一位工作人员讲过，大约在民国时期，没有"科学"这个词的时候，就把科学称为"格致"。比如物理学，就叫物理格致，化学就叫化学格致。格致就是"格物致知"的简述，也就是分析研究的意思。把一块事物格出来，分析研究，认识清楚了再去行动，就是格物。

王阳明说："若鄙人所谓致知格物者，致吾心之良知于事事物物也，吾心之良知，即所谓天理也，致吾心之良知之天理于事事物物，则事事物物皆得其理矣"。就是讲怎么把知善知恶变成为善去恶。你已经知善知恶了吧？然后要把知善知恶的认识，在行为中，在做事的过程中体现出来，如此，知善知恶的心意就变成了为善去恶的行为。王阳明认为知善知恶是天理，天理落实到行为之中，就是知行合一。总的说来，王阳明认为人本能就知善知恶，也应该去为善去恶，用这个道理指导人的日常生活，逐渐改变人格，就能修炼成圣人。

二、荣格的集体无意识

荣格的集体无意识理论也很复杂，只能拿出他的一些只言片语，与王阳明的良知在潜意识层面上做一些比较。从学术承传关系来说，荣格的集体无意识理论是对弗洛伊德潜意识理论的发展，他探讨到了比潜意识更深的意识层次。可以说荣格的集体无意识是现代西方心理学人格结构最深层的意识层次。它包括了人类祖祖辈辈、世世代代的活动方式和经验库存在人脑中的遗传痕迹，所以这个意识层次是超越个人的，荣格把它叫作原型。所以集体无意识和潜意识有些不同。我理解弗洛伊德的潜意识基本上还是个人的，是个体的潜意识，带有个人的色彩，是个人记忆中从小到大的一些生活经历造成的意识遗痕。荣格的集体无意识则超越了个人，它是集体的，是祖先世代活动留下来的心理遗传痕迹。所以这个层次比潜意识更深，更广阔。所以叫它原型，它不是某一个人的，而是整个人类都带有的意识遗痕。

荣格把原型大概分为了四种。第一种是人格面具，第二种是阿尼玛和阿尼姆斯，第三种是阴影，第四种是自性。荣格学说中被译为自性的概念与禅宗自性的概念，学术内涵有差别。我们会做一些比较。

荣格原型的第一个是人格面具。人格面具的本意是指演员在剧中扮演某个角色时所戴的面具，心理学中泛指每个人在社会生活中展现于外在的人格。在社会生活中，每个人都戴有人格面具，都会因为这样那样的原因，不会把自己的真实内心完全展示于他人。心理学人格的意思就是面具，即他人所见的人格。人格面具很必要，对于任何时代的人都一样。在人群中生活，面具能够保证我们与其他人比较顺利地交往，特别是与那些我们根本就不喜欢的人交往。如果完全没有面具，那不就打起来了吗？所以人格面具有维持社会生活和谐的重要功能，可以获得社会认同。

人格面具的形成，大体上就是以公众的社会道德为标准，在这个意义上，荣格所说的人格面具，有点类似于弗洛伊德所说的超我。人人都有本我，但在生活社会中，完全按照本我行事是不行的，因为大家的本我会互相冲突。为了能够共同生活，大家都需要一个超我来约束，就是要共同遵守社会公众的集体行为规范，也就是所谓道德。道德约束众人，每个人都可能有不太适应之处。为了适应道德，个体就形成了一个外在行为模式，即人格面具。

荣格认为面具这个原型既有利也有弊，他认为如果一个人过分热衷沉湎于自己的面具，也就是沉湎于其社会生活中的角色，他人格的其他方面就会受到排斥。受这种人格面具支配的人，就会逐渐与自己的天性疏远，处于生活的紧张状态，或者说是不适应状态。

比如说可以看到这样的情况：有些官员退休了以后变得不知所措，不知道怎么适应别人。他们以往把人们对于官员的尊重，当作了人们对于他们自己的尊重。实际上，官员是他们人格面具中重要的部分，但并不是他们自己的真实人格。往往官越大，别人的尊重就越多。

但这个尊重，不等于是对官员本人的尊重，很大程度上，人们尊重官员，是尊重官员的面具。谁在这个位置上，都会受到同样的尊重，这种尊重只是对地位的尊重，而不是对人的尊重。当官员退休以后，回到他本人的位置上，人们就不再尊重他人格面具中的官员部分，而以他面具中的其他部分来对待他了。所以有些官员退休后会有点不适应，这种情况还真的不少见。

这个例子可以说明，人格面具和真正的人格本身，其实有差距。官员退下来后不适应，说明他已经意识到了原来那个面具和他真实的自我之间的冲突，他就需要调整了。除了官员之外，每个人在工作生活中实际上都有面具，这个面具和个体真实的人格都有冲突，有的时候冲突还很尖锐。这也是形成心理问题和障碍的一个重要原因。所以每个人都应该认识到自己在生活中是有面具的，要意识到自己的面具人格与真实人格的差别，以减少由此而产生的冲突。

荣格原型的第二个是阿尼玛和阿尼姆斯。阿尼玛和阿尼姆斯基本上都是灵魂的意思，阿尼玛是男性身上的女性特征，或灵魂，也是男性无意识里面对女性的整合。自古以来男女两性有久远的交往，男性在与女性交往的过程中会内化一些女性色彩，形成他对女性的认识。阿尼玛就是男性心理中存在的一个集合的女性形象，是温柔、善良、美丽等女性特征融合在潜意识里边，形成的男性集体无意识中的女性意象。阿尼玛不是某一个具体的人的意象，而是总和、整合的女性特征意象。阿尼姆斯就与之相反，是女性身上的男性特征。就好像男性身上存在着女性的意象一样，女性身上也存在男性的意象，就叫作阿尼姆斯。

其实，荣格所提出的男性女性均包含对方特征的现象，在任何人身上都存在，只不过比例大小不同。记得看过一本心理学的书，说性别的分类可以有七种，不是仅仅有男性和女性，中间还有多种过渡。比如可以认为红楼梦里的林黛玉是最最女性的，拳王泰森是最最男性的，然后从最最女性到最最男性之间，可以分出七个等级。有的人女性多一点，男性少一点，有的人男性多一点，女性少一点。

另外也可以以这个分类来理解同性恋，比如男性中女性特征多的就可能喜欢男性中女性特征少的，女同也可类推。荣格看问题还是比较辩证的，他认为男性的阿尼玛，女性的阿尼姆斯，都有积极的一面，也有消极的一面，要看在生活中如何把握。他还认为每个人的母亲是男性的阿尼玛化身，每个人的父亲是女性的阿尼姆斯化身，所以男性与母亲的相处，女性与父亲的相处，会奠定他们长大之后与异性相处的基本规范、模式。这对认识两性的人格成长也很有意义。

荣格所说原型的第三个是阴影。阴影是原型里面最内在最有动物性的遗传，包括一切不道德的欲望、情结和行为。这有点类似弗洛伊德所说的本我，但弗洛伊德对本我的描述比较集中于性本能，强调力比多的动力。荣格的阴影比性本能范围要宽，容纳了人类最基本的动物性、人性最卑劣的部分。荣格认为绝大多数人对自己和对他人，都没有他们所表现的那么正直善良。也就是说，我们所有的人都比我们自己认为的要更霸道、更放肆、更贪婪、更嫉妒，而这一切邪恶的根源，都存在于阴影之中。

荣格还认为阴影非常强大，不会被彻底征服，被压抑的阴影可以暂时退却，但不会被完全消灭掉，而是有机会就可能卷土重来。一旦阴影进行反扑或者实现突破，会导致人格分裂，爆发各种精神问题。但如果自我足够强大，能够把阴影整合到整个人格系统之中，个体就会具有活力和创造性，甚至于显得比较疯狂。像凡·高那样的画家，或者一些非常疯狂的艺术家，就是把阴影整合到了整个人格之中，表现出来非凡的创造性，当然这是已经被升华的表现，其过程可以用弗洛伊德的防御机制来解释。

荣格所说原型的最后一个就是自性。刚才说了，荣格认为的自性不是禅宗中"本来无一物"的自性，而是集体无意识中最核心的原型——统一组织和秩序的原型。这个原型是什么意思呢？荣格认为，人的精神或者人格，具有先天的组织原则和走向完整的倾向，这种原则和倾向就是人格自性。自性可以把所有的原型、情结、阴影都吸引到它周围，从而构成一个比较和谐的整体人格。所以自性起到整合作用，把人格的不同元素整合到了一起。

显然，荣格说的自性与禅宗的自性内涵不同。禅宗的自性是无,"菩提本无树,明镜亦非台,本来无一物,何处惹尘埃",这其中没有整合的意思,而是回归到一个彻底的无。但荣格的自性是指统一人格中所有因素的趋势和力量,所以它是有,不是无。故两个自性的内涵各不相同。

上述荣格所说的这些集体无意识的原型,确实比弗洛伊德的潜意识理论走得更深入一步,更久远一些,但他依然还是在弗洛伊德潜意识理论上继续往前推进的。荣格和弗洛伊德好像就是在潜意识和集体无意识的问题上产生了矛盾,有认识上的不同,然后就分道扬镳了。在心理学的人格中,意识、潜意识和集体无意识的冲突有很多种,荣格认为属于集体无意识原型的人格面具和阴影的冲突是最常见的,这其实类似于弗洛伊德所说的本我和超我的冲突。这两个的冲突由谁来协调呢?由自我来协调。自我如何协调呢?那就是运用弗洛伊德所说的防御机制。

三、王阳明和荣格都探讨先天意识

王阳明和荣格都探讨了在东西方看来是先天的意识存在。这种探讨打破了人类意识是由个人后天习得的一般性经验。他们的探讨说明,人出生的时候,意识并不如同一张白纸,或许这张纸没有什么具体的符号,但至少不是纯白的,而是一张有了隐隐约约的底色甚至模糊形状的纸。也是在这个意义上，王阳明和荣格探讨的是同一个意识层次，或者说，他们探讨的问题在同一个意识层次上。这也是得以将二者做比较的心理学基础。

尽管他们两个人都说人出生时的意识并不是一张白纸，但他们对先天意识隐约色彩和形状的关注与强调不大一样。王阳明的良知强调了先天隐约色彩与形状的积极方面。良知嘛，强调的是积极方面，是天理的那方面，是人应该遵循和发扬的那方面。而荣格的集体无意识，则力图将隐约存在的色彩与形状描绘为真实的色彩与形状，并不去区分好坏，只是想客观地展现和表述出来。

把先天先验的、没有觉察到的无意识内容转化为意识内容，并解决意识与无意识的矛盾，这是分析心理学的思路。在从先天潜意识到后天显意识的转化上，王阳明的心学和精神分析在思路上有共同之处。比如怎么达成良知呢？其实和精神分析的路子差不多，就是让来访者领悟，领悟先天本来就存在的意识内容，也就是说良知形成和精神分析的心理动力学发展的过程相似。只不过王阳明让人去领悟潜意识或集体无意识里边的良知。

从荣格心理学看，其实良知很可能也是来自集体无意识，其成因应该是久远的，而且也不是个人的，人人都有这个良知，因而可以是一个原型。虽然王阳明没有如此去推断，但良知形成的意识层次和集体无意识原型的意识层次，在深度上应该是一样的，都是久远的集体意识的沉淀。

王阳明和荣格有不同的侧重。王阳明强调的是良知与现实的行为的结合，知行合一，把人格优秀的部分外化延伸到行为，塑造个体的圣人人格。荣格强调解决内在的人格冲突，比如阴影和人格面具的冲突，以整合完善个体的人格。二者从心理动力发展的过程来说，都是一个由内到外，由潜意识和集体无意识进入显意识乃至行为的过程。所以，他们的共同点大概有三：都是在探讨先天意识；讨论的深度都在集体无意识层面；二者从内向外的心理动力发展过程相似。

四、王阳明与荣格对先天意识的深度与构成有不同理解

王阳明是四句教，"无善无恶心之体，有善有恶意之动，知善知恶是良知，为善去恶是格物"。在良知前面，还有两个意识层次，一个是"有善有恶意之动"，一个是"无善无恶心之体"。用心理学的理解思路，意之动，就是意识已经进入了认知过程。意识只有进入认知过程去进行分析判断，才可能区分出善恶，而能够区分出善恶才是良知。显然，进入分析过程在得出判断之前，而进入分析过程就是"意之动"，即认知过程开始启动。所以"有善有恶意之动"，在"知善知恶是良知"之前。而比"意之动"再往前一个层次，是"无

善无恶心之体"。

意之动即是意识的活动，在意识未活动时，也就是意识处于静止状态时，就是"心之体"。这里的"心"不是指心脏，而是指意识。不是heart，而是mind。意识的静止与活动状态，就是心的体用关系。静止的时候就是心之体，而进入认知过程就是意之动。心动之后才有意，心未动之前的心之体是无意的，无意当然也就无所谓善恶。这就到达了大我层次。大我不分善恶，没有善恶这一说，因为心未动，意未生。用心理学的话说，就是意识还没有进入认知过程。尚未分析何有结果？所以就无所谓善恶。到了意之动就进入了认知过程，也就是开始进入小我。

而到了知善知恶阶段，认知已经完成，小我也就达成了。王阳明是个明白人，知道从大我到小我有好几个步骤，并不是一蹴而就。人心的本体是大我，大我无所谓善恶，心动意动之后，小我达成，于是知善知恶。然后按良知做事，就是为善去恶了。

以上从心体到良知，也就是从大我到小我的意识过程，是东方式的心理过程的认识与描述，在西方心理学的视角之外。西方心理学对意识的探讨始于认知过程，认知过程之外的意识不在其领域之内。潜意识和集体无意识其实也只有进入了意识的认知过程才能够被探讨，所以究其存在的意识发端，还是不在认知过程之外。

而传统文化中的佛家道家甚至儒家，对意识的探讨均始于心未动之时，认为那时虽然认知过程尚未发生，但意识已经存在。探讨从心未动到动的过程，是古人探究心理过程的思路。至于心动之后的过程，也就是进入认知过程之后，我猜古人有点懒得探讨了，因为人人都知道了呀！而心理学是从大家都知道的意识现象中再探讨规律而形成的学科，就是要从已知的普遍现象中总结出经验和原则。

所以我说王阳明与荣格学说的起点和深度不一样，就是二者分别起始于认知过程的前后。在现代心理学中，从心未动到心动的过程，似乎只有格式塔心理学涉及了一些。但格式塔的观点，似乎侧重于探讨意识的平行结构，不是从意识的层次结构上探讨个体意识形成的原理，比如说完形法则。

另外，王阳明与荣格对先天意识构成的理解也不一样。王阳明良知是身心合一的，他特别强调要知行合一，强调光知道不行，还得去做才行。传统文化里知行合一、心身合一、天人合一一脉相承，都并非将意识看作是独立于身体和环境的心理现象，而是与它们共存的现象。

王阳明说，五脏的平和是良知产生的内在生理环境，善和恶不过是五脏健康与否的表现。这个话对不对我们先不评论，但是王阳明的意思是生理心理共存。而且，他并不认为良知是纯粹的心理现象，他认为良知是先天的，是天理的作用，人的心理只是天理的投射，天理映射到心理，转化为人的伦理，再转化成人的行为，所有这些一以贯之，都相互联系，并非各自独立。

荣格的集体无意识，是探讨心理现象，是意识状态、意识经验的探讨，并不和生理状况、宇宙万物直接相联系。所以东方和西方的思想方法和认识论还是有差异的。

五、良知的确立依据：善恶观念辨识

王阳明的良知确立涉及善恶观念。这一部分内容与荣格的集体无意识关系不大，是对王阳明良知观点的进一步探讨。

人性的善恶之说在中国历史上也有分歧。有人说人之初性本善，也有人说人之初性本恶。到底善恶是不是在人之初呢？这似乎很难回答。王阳明的良知学说，应该是建立在人之初性本善的基础上。但在实际生活中，善恶的分别往往并非一目了然，而是一个困难的问题。因为分辨现实中的善恶，需要有参照系，而参照系并非固定不变。

讲个生活中的例子。我前一段时间去山东出差，在飞机上看航空杂志，上面有张照片叫《回眸》，拍的是一只豹子回头一顾。照片拍得非常生动，豹子的眼睛瞪得很圆，而且一副心满意足的样子。为什么心满意足呢？因为在此回头一

顾之前，这只母豹子逮住了一只小鹿，母豹子有三个小豹子跟着，为了教会这些小豹子捕食，它就把那只小鹿逮了又放，放了又逮，来回捕捉了三次。最后它逮住小鹿，它自己，再加上三个小豹子，大吃一顿。饱餐以后，慢慢地踱步离开。摄影师捕捉到母狮子回头一顾，非常生动。现在请大家判断，母豹子是善还是恶？

如果站在小鹿的立场上，你一定会觉得这只豹子非常残忍，毫无疑问是个凶残的不善行为。但是如果站在豹子的立场上，你会觉得这只母豹子非常有爱心，为了教会小豹子们捕食，不厌其烦地演示，然后把这些小豹子喂饱了，完全是一种慈祥的母爱，因此是善事。

那么，豹子吃小鹿这件事到底谁是善谁是恶呢？大我小我有不同的答案。大我的态度，用老子的话说："天地不仁，以万物为刍狗"。认为天地万物是按照自然规律发展的，该怎么发生就怎么发生，不站在豹子或小鹿的任何一边，完全一视同仁，所以不分善恶。不是没看到这个现象，看到了，但是不以善恶去衡量，即无善无恶心之体。这就是为什么大我与善恶无关。小我才关乎善恶。豹子和小鹿都是小我，是不同的小我。因此判断善恶需要首先确定站在哪一边，也就是要有参照系。所以，善恶其实与行为无关，只与选边站有关。

刚才已经说过，大我不分善恶，分善恶已经是小我。从小我的角度看，能分出善恶来，也一定要有参照系才行。但在有些情况下，参照系并不那么明确。小我对善恶的分别理论上可以很清晰，但实际上并不尽然，甚至也不像王阳明所说的那么天然。

有一个许多人都知道的伦理难题，大概是这样：一辆满载乘客的火车开过来了，速度很快，前面有一个道岔。扳道员需要扳一下道岔让火车通过，如果不扳道岔，火车就出轨了，肯定会造成车毁人亡的事故，而且这个事故一定惨重，因为车上乘客很多。

这个难题在哪儿呢？就是道岔往哪边扳。往左扳是一条路，往右扳是一条路，无论扳到哪条道上火车都可以继续开，不会出问题。但是扳道员面临的情况是，左侧道上有两个小孩在玩，右侧那道上有一对行人在走路，往哪边扳都会伤及无辜的人，或者伤及两个孩子，或者伤及两个大人。你说扳道员该不该扳道岔？往哪边扳是善？往哪边扳是恶？结论是很难判断，因为不知道参照什么。

借讨论善恶问题，也回应一下前次讲座说这次讲座要回答的问题：练功过程中受到了蚊子打扰，这蚊子该不该打？如果打蚊子，是善还是不善？打不打蚊子的事看起来很小，但如果真较真的话，其实也很难分别。蚊子咬你一下，你不打，你觉得自己放生了，是好事。但如果这只蚊子正带着疟疾病毒，你把它放生了，它回去就会叮咬下一个人，就可能把疟疾传染给那个人。那么你说，你打是善，还是不打是善？所以小我分别善恶的时候，需要一个参照系。

王阳明良知的参照系是社会道德标准。但道德标准并不是在哪儿都好用，刚才说的扳火车道岔就不好用。打蚊子的事要是只看眼前，不打似乎是善，但做事能只顾眼前吗？如果参照以后，打不打蚊子的善恶又几乎无法评价了。总不能先给这只蚊子做一下是否携带疟原虫的检查，再决定打不打吧？

再说个禅宗故事。六祖惠能在五祖给了他袈裟之后就跑了，许多人不服气要追杀他。他跑了几天，远远看到有个姓陈的将军快追上来了，他就把袈裟扔到一块大石头上。陈将军追上来之后，拿袈裟拿不动。将军就说，我不是来抢袈裟，是希望你帮我开悟。惠能就问陈将军：在心念不动的时候，看到你本来的面目没有？也就是告诉陈将军，当你看到了心不动的状态，就是看到了大我。这个陈将军毕竟有点悟性，马上就明白了，于是叩拜惠能为师。

惠能说的是不思善不思恶，就是王阳明所说的无善无恶。王阳明先说了无善无恶的心体，然后说了有善有恶的意动，最后才落到知善知恶的良知。良知之前的两个意识层次，荣格的集体无意识里都没有。荣格直接说原型，相当于已经落到了善恶上。他说过原型有善的一面，也有恶的一面。人格面具、阿尼玛和阿尼姆斯、阴影、自性的原型也都如此。如果从王阳明的视角看，集体无意识中没有意识内容的部分，就是无善无恶心之体的部分；且荣格说的原型是"知善知恶是良知"的一部分，只不过他把知善知恶的内容扩大成了人格面具、阿尼玛和阿尼姆斯、阴影和自性。

六、王阳明与荣格的区别仍然是大我和小我

王阳明的良知来自大我，来自于先天的存在。在传统文化里，先天的存在并不仅是意识性存在，而是包含所有尚未显现事物的"无"的终极存在，即"无善无恶心之体"或"何其自性，能生万法"的存在。王阳明的心之体就是禅宗的自性，只不过"心之体"倾向于表达终极存在的意识层面，而"生万法"倾向于表达终极存在的物质层面。传统文化的所谓终极存在，物质与意识的存在是统一的，也可称之为大我。荣格的集体无意识仍属于小我，是小我的终极层次。

在弗洛伊德，小我的终极层次只到潜意识，荣格将其发展到了集体无意识。它是迄今为止小我所达到的最深的意识层次。荣格本人显然受过东方心理思路的影响，例如他仔细阅读过道家修炼的文献《金花的秘密》。他的思路向东方倾

斜，集体无意识的提出，已经包含了一些东方的思路。大我不能表达，西方心理学走科学化的路，要完全能表达才行，所以荣格也不得不这么做。荣格所说的自性概念有点接近于无，但他还是得把这个无表达成有才行，尽管这个有已经比较模糊，但如果表达成无，心理学不就没了吗？大体可以说，荣格说的自性，像是在禅宗的无和心理学的有之间的最大公约数，它贴近了无，但还不是无。西方的意识研究是有中生有，而东方是无中生有，这也可以说是东西方研究的本质区别、王阳明和荣格的本质区别。

七、问答

1. 老师您所讲的"无"与佛家之"空"有何区别？

我觉得道家的无和佛家的空基本上是一个意思，二者相当或者相通。用心理学术语表达，无或者空是道家和佛家最终达到的意识层次。道家是本土的文化，佛家是外来的文化，佛经之所以能顺利的翻译到中国来，根源于道家有和它意思相当的术语和概念。比如说佛家的空，就是道家的无，所以翻过来就很顺利。如果要把佛经翻成英语就很难，因为在英文里找不到和空、无相同的概念。当时翻译我主编的《中医气功学》教材时，就碰到这个问题，在英语里要找一个和传统文化的"气"相通的概念非常困难。佛家和道家都属于东方文化，在本质上有相通的一面，当然也还是有差别。无和空从词语内涵上说基本相同，但是认识方式上有点差别。比如你听了无和空这两个字，感觉上哪个更空一点呢？你可能会觉得无更空，空好像还有点什么。但这可能纯粹是个人对概念的理解和感受问题，实际上它们基本上就是同义词。

2. 老师您好，请问现代心理治疗诊断中的各类人格障碍或精神病，是不是都是小我的定义，当一个人修行到大我的境界时，是不是就不存在人格障碍或精神病了？

现在的精神病学的诊断标准有的是生理学的，有的是心理学的，有的是社会学的。诊断一个人精神状态正常不正常、人格状态正常不正常，是看这个人在人群里面是不是太特殊了，太特殊了就是精神有问题。比如有些天才就被当成精神病，实际他是不是真有精神病呢？并没有什么病理学依据，只是在社会上格格不入。例如凡·高，他有没有精神病？怎么衡量？如果自己割掉耳朵属于精神病症状，禅宗二祖慧可自断手臂求开悟，是不是也可以被诊断为精神病呢？大我不是以社会学为标准、也不是以个体的人格标准衡量的，它超出这两者之外，不在此维度。大我是无，什么都没有，当然连精神病都没有。但你要问修到大我是不是就没有精神病了，这很难回答，因为这要看别人怎么看、医生怎么看。大我自身不在乎能否被诊断。大我是空无，说它有什么都行，说它没什么也都行，如同刚才讲座中说的，打死蚊子也行，不打死也行。大我不在乎这些，不考虑这一维度。我不知道按现在精神病学的标准，佛陀或老子是否属于可以被诊断的对象。换一句更兜底的话：大我不存在有没有病的问题，有病的都是小我。

3. "无善无恶心之体"和佛家所说的空怎么理解？

基本是一回事。无善无恶并不仅仅是说没有善恶，而是说没有任何分辨。就像刚才我举的禅宗的例子：不思善不思恶，正当这个时候，哪个是你的本来面目？这不是只说不想善不想恶，而是说什么都不想。而什么都不想的时候，意识状态就是空。所以这两者我认为是一样的。

4. 有人掉井里，人们看到都会着急。要是婴儿看到后有什么感受？怎么理解良知是先天的？

"无善无恶心之体，有善有恶意之动，知善知恶是良知，为善去恶是格物"是王阳明的理论和推断，有些人不同意他的观点，认为他说的不对。你提的问题还真的有点意思，如果一个小孩看到别人掉到井里，他可能不了解会有什么后果，因此没什么反应，生不起良知，这是一种可能。但是也有可能不是这样，前两天我看电视，有一个小节目，就是一个非常小的小孩，没有四肢，但是他会用嘴叼着拿东西。他看到另外一个小孩哭了，就拿嘴叼着一个奶嘴喂给另外一个小孩。你认为有良知没有？有。他是不是小孩？是。所以小孩的情况就得具体情况具体分析，看他能不能够理解所发生的事情，就好像历史上有人之初性本善还是性本恶的争论一样。如果说人之初性本恶，王阳明的观点就不成立了，他的观点只有人之初性本善才成立。所以他的理论也不是没有争议。但王阳明所说的良知，在大多数情况下还是成立的。

 5. 当一个人修到大我后，在生理和精神面貌上会不会跟没修到之前有所不同？

我觉得会有明显的不同。修到大我的人应该是一个很平和的人。他的为人处世应该很从容、很随缘。他也很可能是一个默默无闻的人，一个很自然的人。在现代社会里，他不见得有什么突出的贡献或作为。所有评价小我的那些标准，都不适用于评判大我。记得我说过，一个修到大我的人和一个没修到大我的人，有一个明显的差别，修到大我的人在没有什么事情的时候，脑子里是空的，但小我的人脑子里可能永远在想着各种各样的事，是一个永远剪不断的意识流。我觉得这应该是一个明显的差别。

6. 刘老师好，道家的虚无与佛家的性空有差别，道家辩不过佛家，对吗？

这个说法我不是很同意。佛家说缘起性空不假，但是道家的无也并不是什么都没有。道生一，一生二，二生三，三生万物，道本身就相当于无，但它是能够生有的无。中国道家的哲学观或者宇宙观是气一元论，气聚而成形，形散而成气，其间没有中断，是连续的，所以它不是一个二元的世界观，完全是一元的，有无之间是连续性的过渡。整个世界是一个完整的存在，可以转化为各种各样的事物。就整个存在而言，可以认为它是无，也可以认为它是有，这要看从哪个角度说，或者从哪个视角看。在这个意义角度上说，道家的无和佛家的空，缘起性空的空，并没有本质的差别。

至于辩论，实际上，往往一个真正修成的人，辩论起来未必能赢过一个口头禅。因为口头禅专门在文字上做功夫，真正修成的人不想说那么多话，知道有些境界怎么说也说不清楚，不可能用语言表达。如果你觉得你说得很清楚、很确切，那一定就是错了。无本来就是不可说的，只能意会。空也一样，就好像手指月亮永远够不到一样。道家的无和佛家的空，都是说的月亮，不是说的手指。当然这谁也没办法证明，但是我认为两者在精神层面上到达的深度是一样的。

7. 老师，面具所引起的心理冲突可以用什么技术干预效果比较理想？修心是不是一个去伪存真的过程？不戴面具该如何调和时而发生的烦恼？

第一个问题，面具所引起的心理冲突用什么技术干预比较好？我觉得无所谓哪个技术比较好，应该考虑的是你善于使用哪些技术，以及这个来访者适用于哪些技术。单纯就技术而言无所谓好坏。可能不同流派的心理学家，会用不同流派的方法去解决同一个问题。你擅长，患者又能接受的技术就是好技术。

第二个问题，修心是不是一个去伪存真的过程？那要看怎么修。这个话不错，去伪存真，但是具体内容是什么？比如做心理咨询和心理治疗也可以看作是去伪存真，但你是精神分析的去伪存真，行为治疗的去伪存真，还是人本主义的去伪存真，内容是不一样的。所以说这个话不错，但是去伪存真有很多种，对真的认识程度也不一样。

比如说荣格，认识到集体无意识，这就是真的极点。但王阳明要到无善无恶才是真，所以不同学派的真，深度也不一样。具体需要怎样的深度，要看你的目标是什么，你所认为的真是什么。修心的去伪存真要达到王阳明那个深度才行，要超越心理治疗。

第三个问题是不戴面具应如何调和时而发生的烦恼？我

个人的感觉是，如果你觉得你的面具和你的内心有冲突，比较好的办法就是你独处一段时间。独处的时候没有面具，你对自己看得最清楚，然后你大概就会知道该怎么做了。如果你总在人群里，可能有的时候看不清楚自己，也看不清楚环境以及你和周围人的关系。一个人认识自己其实挺难的，人们都说知人知面不知心，认识自己的心也同样很难，而且每个人的自我还在不断变化。所以我觉得，隔一段时间，自己独处一下，对自己的认识才会更深刻，很多问题就可能迎刃而解了。

8. 老师好，升华是不是超我的表现呢？升华整合阴影部分，能实现对阴影层的转化吗？

我觉得升华是把阴影的力量转化成自己和社会都能够接受的表达方式，为消极情绪找到一个合理合法的出口，很有意义。比如把对失恋的愤怒、悲伤、报复等感受写成文学作品就是一种升华。还是同样的阴影，但是表达的方式不一样，宣泄的方式不一样，得到了处理，也就是实现了对它的整合。升华并不是压抑，没有压抑，是转化，转化成另外的表达方式。在这个意义上，也可以认为它是超我的某种作用，这样认识也没有什么问题。

9. 有一个评论说，王阳明的良知是个人修养的基础，荣格的集体无意识是一个科学的探索，是否准确？

王阳明的良知不是一个纯粹的个人修养，他认为良知来自天理，是天理的组成部分，所以不完全是个人修养，包含有超越于个人修养的因素。荣格的集体无意识是科学的探索，但也离不开个人修养。如果他自己体会不到集体无意识，他能提出这个概念吗？他的体会不也属于个人修养的范围吗？

第五讲
中医的情志学说与心理学的情绪情感

　　心理学把情绪和情感的活动定位于高级神经系统，尤其是大脑的生理活动。中医的七情五志直接与五脏有关系，是脏腑的功能活动。

中医所说的情志，就是西方心理学说的情绪和情感。我觉得做心理咨询时，大部分来访者都是情绪情感问题，因此对如何处理这类问题应该有足够的重视。我也觉得不管是哪家的心理治疗技术，处理的大部分问题，也还是情绪情感问题。

情绪情感问题的处理，东方和西方不大一样。比如说什么是好情绪，大家马上会想到高兴啊，快乐啊，这就是好的情绪。什么是不好的情绪呢？悲伤啊，沮丧啊，这些都不好。这看法对不对呢？应该是对的。但是，心理咨询和心理治疗的目标是不是要把情绪从沮丧转成高兴、从消极转为积极呢？我觉得在情绪情感问题的治疗目标上，东西方似乎有一些差异。

从东方传统文化的观点看，最好的情绪状态是心安，感觉到心里很踏实，而不必是快乐。如果心里踏实，高兴一点或者是沮丧一点，都没关系。心安就是最好的，所以有个成

语叫心安理得嘛，这个状态就是最佳。即使有些消极情绪，只要心安，也没什么事。如果有很高兴的事，但心里不安，有点发慌，这并不好。所以心安是情绪治疗的最终标准，这可能与西方心理学的看法略有差别。

心安说到最后，其实还是大我境界。心安，不是要把心安在某件事上，安在任何具体的事情上，最后都可能不安。因为所有的事情，都会有发生发展和消亡，按照佛学的话说，都会有成住坏灭。如果心安在事情上，随事情的发生发展和消亡的过程，总会有情绪高低变化。那么应该把心安在哪儿呢？安在空上。空没有成住坏灭，是一个永恒的如如不动的宁静过程。心安在那里就没有问题。

记得上次说过，慧可拜见达摩的时候，慧可不是说我心不安吗？心不安就是情绪波动哦。然后达摩说，把心拿来，我给你安。慧可就领悟了，说：哎呀，我找不着心呀！于是达摩说，已经给你安好了。达摩说的什么意思呢？就是把心安到空上。心找不到，那就对了，找不到就是空，心不就安到空上了吗？

一、中医的情志学说

中医的情志学说和心理学的情绪情感，大体上讨论的是同一个领域的意识现象，当然二者也有些不同。我先简单介绍一下中医情志学说的内容，就是七情五志。七情是什么？七情就是喜、怒、忧、思、悲、恐、惊。五志是什么？五志是把悲和忧合并，再把惊和恐合并，于是成为喜怒忧思恐，七个缩减成了五个。为什么要缩减成五个呢？因为要和五脏对应。五志后面再说，现在先把七情的特点介绍一下。

七情和西方的情绪情感有一个主要的差别，即中医的情志并不是单纯的意识性存在，情志不仅仅是心理活动，而是与内在的气机运行，与脏腑功能活动相联系的存在。先说七情和内气的联系。《黄帝内经》上有这么一段话："怒则气上，喜则气缓，悲则气消，恐则气下，惊则气乱，思则气结"。后人又补上了"忧则气凝"。所以，七情中的每一种情绪都和内在的气机运行直接联系在一起。

比如什么叫怒则气上呢？所谓"怒发冲冠"，一生气，头发都竖起来了，那不就是气上来了吗？人一着急，一发怒，就会觉得气往上顶，血压也可能升高，这就是中医所说的怒则气上。所以怒并不仅仅是的心理活动，怒的心理情绪一出来，生理的气机或者说内在能量，就会向上涌。

什么叫恐则气下？一害怕，吓得尿裤子了，就是恐则气下。再严重一些，大小便失禁了，都是恐则气下。所以中医认为情志与气机运行相关，是有现实的症状为依据，并不是空想的。同样，喜则气缓，就是哈哈一笑，心里很轻松，眉头都舒展开了。很难想象一个人一边微笑着一边发怒，这是不可能做到的。只要是笑起来，喜洋洋的，怒气就升不起来，这就是喜则气缓。而悲则气消，就是很悲伤的时候，人就没有力气，瘫倒在那里。

中医把气机运行和情绪直接关联，就是把生理活动和心理活动融在一起。情绪不单单是心理活动，也是生理活动。在这个意义上，可以认为情绪就是气机运行。这是中医和西医的认识非常不相同的地方。而且，中医的七情和整体的气机相联系，不仅仅是与人体某一个脏器、某一部分气机的运行关联，而且是整体气机运行模式的关联。比如说怒则气上，气是往上，从下而上而怒发冲冠，恐则气下是从上而下，所以大小便会失禁。气从上而下、从下而上，都是整体气机的运行方向发生了转化。这就是七情和内气运行的关系。

再说说七情和脏腑的关系。中医里有五脏，就是肝心脾肺肾。五脏配不了七情，七大于五嘛。为了和五脏相配，就把七情缩减为五情，变成了五种情绪：喜、怒、忧、思、恐。那么为什么改称五志呢？

《黄帝内经·素问·阴阳应象论》里面有这样的说法："肝在志为怒，心在志为喜，脾在志为思，肺在志为忧，肾在志为恐"。这里肺的忧包括了悲，肾的恐包括了惊。于是，中医的七情，也就是七种主要的情绪，都和五脏联系上了。五志的志，有志向和意志的意思。也就是说，每个脏腑有特定的情感和情绪指向，反过来呢，某一种特定的情绪情感，太过或者不及，就会影响相关的脏腑。

比如最典型的就是红楼梦里的林黛玉，她时常悲切忧郁，她的病就是肺痨。悲切忧郁和肺病是有关系的。悲切忧郁可能是肺痨的原因，也可能是肺痨的结果，但更可能是互为因果的恶性循环。同样，肝主怒，如果是经常发怒，肝可能就会不太好，怒气冲冲是伤肝的。喜伤心，过分欢喜也不行。《儒林外史》里的范进中举，不就是高兴太过了吗？随后精神错乱，把心伤掉了。所以中医情志与脏腑相关的理论，也是有生理和心理学依据的。

至于为什么中医要把情志和脏腑联系在一起，这就和中医的哲学基础之一五行有关系了。五行是木火土金水，但五行并不是指这五种事物，而是指这五种事物的属性。例如火性炎上，木性生发，土性中和，金性收敛，水性润下。凡属性相同的事物就被归为同一行。例如五脏的肝主生发，就归为木，以此类推，五脏的五行归类就是肝心脾肺肾对应木火土金水。五行的各行之间有生克乘侮的关系，因此，五行是一套事物属性及属性之间相互关系的模式。

举相生的关系为例，就是木生火，火生土，土生金，金生水，水生木。木生火的意思，就是属木的事物，会帮助属火的事物发展，如肝气条达，心平气和；木克土，就是属木的事物会干扰属土的事物发展，如肝郁不舒，脾失健运。纳入五行系统的事物，依其属性互相都有这样的关系。五行学说详细说起来比较复杂，这里只能非常简单地介绍一些后面要涉及的内容。学过中医的人对五行学说比较容易理解，如果完全没有中医知识，可能听起来会有点费劲。

中医的五行学说，不是从对微观世界的研究得来的，而是从宏观世界，宇观世界得来的。它看到的是事物间的宏观联系，不是微观的联系，所以现代科学始终很难承认和理解，因为视角和视野不同。上一讲说过，科学的思路是"格物致知"，从分门别类地分析入手。分析就是看事物组成的微观世界。五行是事物属性的综合分类，它不对事物进行微观分析，不去"格物"，只是宏观比较。

所以，从大的视角和视野看，从宏观、宇观看，五行有道理，要是从微观看，不易找到依据，所以现代科学很难承认五行学说是科学知识。记得大概是今年（2017）年初吧，好像是国家科委还是什么单位，发布了提高国民科学素质应掌握的科学知识内容，其中包含了阴阳五行学说，而后引起了很大的争议，不少人反对把阴阳五行学说纳入科学知识的范围。我认为，阴阳五行学说是科学知识，但不是现代的实验科学知识。"科学"的概念并不仅仅指实验科学。这里只需要知道，五脏归属于五行系统，五行系统有它特定的事物之间的关系，这些关系是中医病因病机学说的重要内容，与西医的病理病因的解释不一样。

二、心理学的情绪、情感

情绪和情感都有很系统、很复杂的理论解说，但两者之间的界限不是很明确，经常会混合互用。记得早先我学心理学的时候，《情绪心理学》是厚厚的一大本，好几百页，其中包含的各种学说也非常多。其基本的种类就是喜怒忧思悲恐惊，和中医差不多。但是心理学研究情绪分类很细致。

记得早年看过一篇论文，一位情绪心理学家总结出二百六十多种情绪。

也有心理学家认为，情绪用不着分那么多类，可以把情绪看成一条直线，一头的顶端是最积极，另一头的顶端是最消极，从最积极到最消极，是一条连续不断的线，直线上的任意一点，都可以命名为一种情绪。而且除了两个顶端，每一种情绪都在积极和消极之间，占据积极和消极的不同比例。这种说法也不无道理。

情绪可以分为很多种类，但在实际生活中，中医的七情五志也基本够用了。当然更细致的分类，例如在文学作品中的描写，或者搞情绪心理学研究，做心理咨询和心理治疗，还是需要的。

关于情绪产生的机制，中西医差别就很大了。刚才说过，中医的情志和内气运行有关，和脏腑也有关，也就是注重从内部去探寻情绪产生的原因。西方心理学的情绪和情感学说则认为，情绪就是人对客观事物的态度体验。比如说你工作很出色，如果得到一大笔奖金，会很满意很高兴，如果没有得到，就会感觉委屈，感觉不满意。这就是你对得到或没得到奖金的态度体验。态度实际上是一种评价性体验，就是你对一件事满意还是不满意。但要注意，你的满意不满意仅仅与你得到或没得到奖金有关，而不是与奖金的多少有关。当然奖金的多少对满意不满意的程度会有影响，但是没有质的影响。比如奖金只有10块钱，如果你认为应该得到但没有得到，还是会觉得很委屈，如果得到了，虽然只有区区10块钱，你仍然会很高兴，会认为这是对你工作的肯定。

心理学认为情绪是对人的需求是否得到满足的态度体验，也就是对主客体需求关系的体验性描述。例如你有一种需求，这个需求得到了满足或是未得到满足都是态度，但对满足或未满足的体验就是积极或消极的情绪。当然情绪还有不同的程度，比如愉快、高兴、兴高采烈，或者不高兴、生气、愤怒。如此，心理学首先从人和外界事物的关系，也就是需求关系，来探讨情绪的产生机制。心理学也有情绪生理方面的研究，现代心理学心理生理的研究和中医不一样，它认为情绪的产生和大脑神经分布的区域有关。比如在20世纪50年代以前，占统治地位的是研究大脑边缘系统，包括皮质与皮质下的结构，扣带回、海马、丘脑和下丘脑，用于解释情绪的脑机制。

到了20世纪80年代以后，情绪产生的神经分布区域研究已经从下丘脑延伸到边缘系统和整个神经系统的各层次结构，从前额叶的皮质到脊髓都包括在内。原来的边缘系统、海马和乳头体，已经被证明对情绪的过程更重要，其中杏仁核更是情绪机制的核心部分，对确定感觉事件的感情意义有非常重要的作用。心理学把情绪和情感的活动定位于身体某一个部位的生理活动，即高级神经系统尤其是大脑某一部分的生理活动。中医是说情志跟全身五脏都有关系，并不是只与身体的某一局部有关系，这个差别比较。

现在来说一下情感。情感和情绪是同一类的态度体验，但有些差别。咬文嚼字地说，在心理学意义上，情感是指对行为目标的心理反应，而情绪是指对行为过程的心理反应。比如爱情是一种情感，人们产生爱情的时候，肯定是有目标和对象的，一定是针对某个人的，所以爱情是对行为目标和对象的评价和体验。但是人们在追求爱情的过程中，会产生各种各样的情绪体验，有时高有时低，有时是积极情绪，有时是消极情绪，所以情绪是对行为过程的体验和评价。情感和情绪就是深浅的不同，情感比较深厚，情绪就比较浅淡。

比如，喜欢就是情绪，爱情就是情感，两种体验是同一种类型的，只不过有程度的差别。但这个程度的差别也包含范围差别的因素。什么是范围的差别呢？产生情绪的事物范围，可以比较宽泛，但是产生情感的事物范围，就会比较单一。

仍以爱情为例，开始的时候，可以接触几位异性朋友，可以都比较喜欢，但最终确定爱情的时候，只能确定一位。毕竟情绪比较浅淡，可以比较宽泛，但是深厚的情感，对象就是一个，特定性的。其他事情也一样。买了一兜糖，包括各种各样的糖，你可能都比较喜欢吃，但你最喜欢的肯定是其中的某几种或者某一种。这与情绪比较宽泛、比较浅淡，情感就比较深厚、比较专一是一样的。

另外，有一点提醒，心理学所说的情商是指情绪，不是指情感。也就是说，情商是用于衡量调控自己和他人情绪的能力，而不是关于情感深度的测试。或者也可以说，情商是指处理一般情绪问题、而不是特定情感问题的能力。情绪和情感这两个词的心理学界限并非十分明确，经常互用，有时候也分不太清楚，各家各派的心理学家也有很多不同的认识。中医的情志学说并不区分情绪和情感，七情五志既包括情绪也包括情感，统称为情志。

三、情志学说与情绪情感的异同

1. 现象与机制

下面比较一下中医的情志学说和心理学的情绪情感学说有什么相同和不同。首先当然是现象大体相同，它们说的都是同一类意识现象，心理学的分类细一些，基本的大类别，中医也包括了。

但二者对这同一类意识现象机制的探讨，差别就比较大。心理学认为情绪和情感是心理现象，形成的原因有双方面，一是主体对客观需求关系的态度体验，满足是高兴，满足不了就悲伤。有句话说"知足者常乐"，很有道理，如果老是比较满足，处于比较满足的状态，人就比较高兴。用心理学的话说，就是对需求关系态度的认知和接受比较宽泛，总是处于满足的状态，情绪就比较愉快。

在心身关系上，心理学认为情绪和情感是神经系统的功能，特别是与高级神经系统、大脑的特定区域有关，但是与身体的其他部位和各个脏腑，并没有什么关系。中医也是从内外关系上来解释情志的产生，这没有问题，一会儿我会举例子。但是对于情志产生的机制，中医侧重于内在的说明，特别是从气机运行的脏腑功能上说明，认为情志活动是整个机体的活动和反应，而并不是身体某一部分的功能；也不认为情志是单纯的心理现象，而认为是心身合一、心气合一的现象。

　　中医的认识有没有根据呢？举个例子，一个在心理学研究报告里看到的例子。美国有个小伙子换了心脏，换心脏以后他的喜好发生了变化，也就是情绪发生了变化，因为喜爱什么是态度体验。之前他根本就不喝可乐，从来不喝，而且比较烦可乐。他也不吃肯德基，也觉得肯德基就是垃圾食品。但换了心脏之后，他发生了变化，喜欢喝可乐，而且也愿意去肯德基。他自己不能解释这种现象是为什么，后来他就想，这是不是和换心脏有关系？于是他想办法，找到了提供心脏者的家人。了解到为他提供心脏的人也是一个小伙子，平时非常爱吃肯德基，也非常爱喝可乐。那个小伙子去世的原因是车祸，那天他骑着摩托，正在去肯德基的路上，出了车祸去世。从这个例子推论，如果情绪情感只产生于大脑，那可要注意，去世的小伙子，并没有把大脑换给现在的小伙子，换的只是心脏。只有心脏直接与情绪的产生有关，才能够解释这个例子。

　　还听到过一些类似的例子，心脏或其他脏腑器官移植以后，接受者的某些情绪、喜好发生了变化。我觉得这些例子都印证了中医所说的七情不仅仅与大脑相关，而是与五脏都有关。情志与脏腑的关系中医是怎样发现的，人们并不太了解。但是从现代的研究看，越来越多的证据表明，情绪情感和大脑有关不假，但并不是与其他的脏器没有关系，古人的发现还是有道理的。其实可以做一个统计研究试试，所有换心脏的人都先做调查，查换心脏以前的个人喜好，再查换心脏以后的个人喜好，然后把喜好的变化与供给心脏的人的生前喜好做比较，或许就会得出有意义的研究结果。现在没听说有人做这类研究，只看到个案。如果有人做的话，可能会对人们进一步认识心理和生理的关系有促进作用，形成新的启发。

2. 临床应用

东西方对情志学说和情感情绪学说解释的机制不同，也就是原理不同，临床应用起来当然就会有很大差别。心理学对情绪和情感的解释，落实在主客观的需求关系体验是否满足，以及与高级神经系统活动的关系上。这些原理反映到治疗过程中，无论是心理治疗还是生理治疗，必然是干预情绪情感的发生发展机制。比如认知行为疗法的改变认知结构与行为方式，精神分析疗法的寻找情结然后修通，系统家庭治疗的扰动和循环提问，都可以看作是调整人与外界事物发生关系时的态度，因为情绪情感是需求关系态度评价的体验。

生理的解决办法则着眼于改变高级神经系统的功能和结构，例如用药物控制相应的神经介质分泌，或者干脆做手术，直接改变大脑相应部位的结构，比如破坏扣带回或者杏仁核治疗躁狂症。这个手术好像现在还有做的，效果显著，但术后患者的情绪反应再也起不来了，这当然有利有弊。手术的原理是杏仁核对情绪的产生至关重要，把它拿掉彻底解决问题。

中医情志学说的临床应用，包括改变认知、行为等类似于现代心理学的办法。还有一些独特的、根据中医关于情志产生的机理而采用的方法，例如调理气机和运用五行生克原理。比如情志与气机运行的关系是怒则气上，喜则气缓，悲则气消等，那么怒气来了以后，调气下降就行了，降气就是治疗情绪。吃个三五副《逍遥散》，一般的怒气就可以平掉了。中医妇科治疗月经不调，患者喜怒无常、情绪反复等肝郁不舒的症候，就吃《逍遥散》《柴胡疏肝散》等方子调理情绪。这些调理情绪的药物和西医的手术治疗是一个思路。中医条畅气机，西医一刀切了，都不是处理情绪本身，而是消除情绪产生的根源。

再举一个按照五行生克原理治疗情志病的例子。患者是一位七十岁上下的贵妇。她离了婚，欲与男友共度晚年。不料男友不兑现诺言，不与之共同生活，病人大怒，不平衡，只能尖叫激怒高喊，说不出话。下腹背部四肢，拘谨僵痛拒按，下肢静脉曲张，变成紫黑色。采用针灸、中药治疗一段时间以后，有些效果，身体表层已经松了，但是仍然觉得里面很硬，肢体僵硬疼痛不减。没有表面怒气了，但是还是说不出话，就好像是急火攻心，憋住了。怎么办？我出个主意说：想办法让患者大哭一场，大悲一次，症状就可以缓解。为什么呢？因为肝主怒，肝在五行里面属木，五行里谁克木呢？金克木。为什么金克木呢？最简单的理解就是，斧头可以砍树。金是肺气所主，肺主金，所以金克木按五脏对应来说，就是肺克肝。把肺调动起来，就可以把肝克住。肺主什么情绪呢？肺主悲，所以让她悲伤地大哭一场，让肺气制住肝气，怒气就会消掉。

从调整情志角度而言，金克木就是悲伤怒。此外，从气机升降理论也可以解释金克木，肝主怒，怒则气上，肺主悲，悲则气下，气上和气下是相反的运行，所以加强肺向下的气机运行就能够抑制肝气上冲。

这个治法在古书里有例证。金元四大家之一的张子和就用过这种办法，按五行生克的原理，用一种情绪制约另外一种情绪，把病治好了，记得在《儒门事亲》里有记载。其实从常理上想，人发怒的时候，忽然遇到非常悲惨的事，怒气是不是会削弱？应该会。当然这个悲惨的事必须和发怒者有关。比如一个人正和同事怒气冲冲地吵架，突然被告知最亲近的人去世，眼泪马上掉下来了，还会发怒吗？这种处理情绪的方法与心理学没有什么关系，完全是古人从五行相生相克的理论推演出来的，非常有中国特色，或者说中医特色。它不去找情绪产生的原因或机制，直接用情绪克服情绪，直接解决情绪本身，很有特点。

四、关于中医心理学

我不太赞成中医心理单立学科。但是我也不反对，为什么呢？因为分科的研究也是一个视角，不是说不可以从这个视角研究。然而我觉得不应该忘记，整体研究的视角分科并不能取代。例如五行相生相克的视角就是整体视角，但看某一行是看不到生克关系的。天人合一是更大的整体，是阴阳学说的来源，分科也看不见。中医是从大的系统解释小的系统，西医和现代科学相反，是从小的系统解释大的系统。二者不是一个视角。所以，我不赞成是因为不是整体视角，我不反对是因为也接受局部视角。但我强调要明了二者视角的不同。

我对现代中医心理学的发展状况并不满意。为什么不满意呢？分门别类研究，把中医心理学拿出来当单独的一个学科研究，也行。但如果这样研究的话，就应该找到中医心理学自身的发展结构和发展逻辑，而不是套用现代心理学的结构和模式。现代心理学基本的结构就是知、情、意，再加上人格，也就是加上个性心理特征。总的逻辑就是先分别探讨认知的结构，情绪情感的结构，意志过程的结构，把心理现象分成这三个部分，而后个性心理特征或人格就是个体中三个部分的不同特点综合。

所以现代心理学的逻辑结构很清楚：先分析，把心理现象分成三部分，再综合，形成人格或个性心理特征。现在的中医心理学呢，还想套用这个逻辑结构。说明中医的情绪是什么，中医的意志是什么，中医的认知过程是什么，中医的人格（个性）是什么。这我觉得就有问题了。中医心理的许多要素，放不进这个逻辑结构里，没办法套用。比如刚才说的情绪和气机运行的关系，情绪和五脏的关系，和五行的关系，都放不进去。如果只是套用西方心理学的逻辑结构，很多属于中医的东西都只能略掉，不提五行，也不提气机运行了。这样去建立学科，还有什么中医心理的特色吗？

即使从分门别类研究的角度入手，中医心理学也非常有特色。除了刚才说过的气机运行和五行之外，在心理领域，在对意识的探索中，中医还有更重要的特色。例如，西方心理学对精神的认识似乎只有意识一种，但中医的精神，包含神、魂、魄、意、志五种或五个部分。这五个部分里，神、魂、魄，西方心理学都没有，连相应的概念都没有；意和志，西方心理学里有，但与中医意和志的内涵不同。对精神意识的探讨显然是心理学研究的核心问题。

如果把中医心理的神、魂、魄、意、志整理出来，很可能能够形成中医心理学自己的框架结构。如此立足于中医对精神意识探讨的研究才有意义，也才能形成自己能站得住的学科。如果按这个方向去建立学科，我就很支持，虽然它不是整体的，但是毕竟很有特色啊！目前的中医心理学我觉得有点不伦不类，框架结构很西方，但有东方的内容，放不进西方心理学框架的内容，就另外写一章节，大抵如此。所以目前的中医心理学还尚未形成独立学科框架。

　　中医的心理内容足够丰富，但自己的框架还没有找到。有了许多糖葫芦果，但没找到把它们串在一起的竹签。学科的核心是基本概念和逻辑结构，中医心理学应该不同于西方，也可以做到，只是目前还没有做到。中医心理学的基本逻辑结构，我个人认为，还只能是阴阳五行神魂魄意志，如果按照现代心理学知情意人格的结构去建立，一定是不伦不类的。当然，这需要有一个过程，开始的时候学习西方，搞些不伦不类的模式也很正常，很可能是一个必须经过的阶段。之后，真正地把东方的、中医的特色搞出来，形成有传统文化内涵的中医心理学，并提出相应的治疗思路和方法，应该还是很有发展前途的。

　　小结一下今天的讲座内容：情绪情感问题是心理咨询师要处理的大部分问题，对此进行深入的探讨有重要意义。这讲一开始介绍了中医的情志学说，现代心理学的情绪和情感学说，然后从机理和治疗的角度，对它们进行了一些比较。最后谈了对目前中医心理学学科构建的一些看法。

五、问答

🦌 **1.修行到大我境界，在生理上会有什么表现呢？**

这第一个问题和今天讲的内容关系不大，问的还是大我的问题。但我回答这个问题，还是要偏于今天的内容。我觉得修到大我以后，人的生理没有什么特殊的表现。活的长寿一些，或者吃嘛嘛香，都不是特殊表现。我觉得比较明显的表现，是有比普通人更安定的情绪，碰到什么事情都能够心平气和地处理。要说生理上有什么非常特殊的地方，好像没有。老子有什么特殊的生理现象？佛陀有什么特殊的生理现象？好像都没有。

🦌 **2.希望讲下中医的神魂魄意志问题。**

这个问题有点大，我也一知半解，否则我就可以去编写中医心理学了呀！试着说几句吧，错了请各位指正。神是总称，精神意志活动的总称。魂和魄呢，一个属阳，一个属阴，可以认为一个是阳神，一个是阴神。举个例子，婴儿刚出生的时候，手脚都会动，这个动是不太自主的，不一定是高级神经活动支配的，这种活力就叫魄。生长成熟后，有清晰的意识活动就叫魂。魂和魄的阴阳属性差别，大概是这个意思。意和志与现代心理学的意志有相似之处，有决断的意思。但意和志还不太相同。意往往是指思维活动，与神还不太一样，神是总称，意是指意识的思维活动。志有志向和决断的意思，和西方心理学的志相似。魂、魄是西方心理学没有的概念，神也没怎么听说过。我这里说的简单笼统，如果深入研究下去，搞出一个中医的精神活动系统，给予明确的定义，会丰富对人的意识活动的研究。

3. 中医有几千年了，阴阳五行学说到现在都没有发展改变，而西医在不断发展并不断纠正以前的不足，这如何理解呢？

这个问题比较有代表性，经常被一些从事现代科学研究和西医的人士问及。他们总是说中医什么发展都没有，时代在发展，一日千里，中医的理论过时了。而西医在不断地发展，总走在时代的前沿。这样看对不对呢？我认为这是把中西医理论不同的视角、眼界和参照系搞混了。刚才讲过，现代科学和西医是用微观解释宏观，传统文化和中医是用宇观解释宏观。例如中医的阴阳五行学说，它的起源是天体运行（当然也有其他说法），可以理解为源于太阳、月亮、木星、火星、土星、金星、水星运行的规律。因此可以说阴阳五行规律来自天上，是从天上往地上发展的。有这七个星球在天上运行，地球上才会有一年四季的变化、节气的变化，阴阳五行各种性质的能量变化。那么，几千年来这七个星球的运行有什么明显变化吗？没有呀！最简单直观的，比如阴阳学说，可以认为它来自太阳和月亮的运行，这几千年来，太阳和月亮的运行有什么变化吗？应该说有，但是很微小，几乎可以忽略不计。月亮还是在夜里出来，白天还是太阳出来呀。木火土金水五大行星也是这样呀。几千年的时间在宇宙间是非常短暂的一瞬。古人是从观天象，从大的宇宙尺度来总结规律，再用于地球上的人类和其他事物的。阴阳五行的天象没有变化，阴阳五行学说怎么会有变化呢？人类没有本事把太阳月亮的位置移动一下，或者把五大行星重新排列吧？如果太阳的位置变化了，比如离地球远了一半，地球上的季节肯定会有变化，阴阳五行学说也肯定变化。如果没有这样的变化，那么就如古人所言：天不变，道亦不变。

再强调一下，中医或者古代科学，或传统文化，是从宇观解释宏观，现代科学和西医是从微观解释宏观。微观的事物的变化，在人类的眼界之内，宇观的事物的变化，往往是人类看不见的，时空尺度不一样，参照系不一样。人类数千年的历史在宇宙间就是一瞬，按大爆炸理论，宇宙已经存在了一百三十七亿年，把这几千年的历史放在一百三十七亿年里，如果按照一天的比例来计算，这只是最后三秒钟的事情，一天二十四小时，从猿人到现在，总共才几秒钟。这几秒钟天体会有什么明显变化吗？不会呀！但如果参照系是微观世界，原子一会儿就变，分子一会儿就变，基因一会儿就变，时空尺度小嘛，当然可以看见变化。现代科学、西医的参照就是这些，就得不断地变化。而中医的阴阳五行的参照系不是微观而是宇观，所以不变。我不知道这么解释能不能打开另外的思路。这里并没有谁对谁不对的问题，只是由于视野的不同而得出了不同的结论，或者也可以说看到了事物不同的侧面。从宇观看宏观看到的现象，是从微观看宏观看不到的，反之也一样。所以，现代科学有看不到的事物，中医也有看不到的事物，最好的办法就是两者互补。但是现在互补的工作显然还差得很远。我觉得现在的问题在于人们只看到微观的科学性，就认为中医不科学，传统文化不科学。这个看法我认为不够正确。

🦌 4. 能谈谈心具体安在空上的例子吗？

可以举移空技术为例子，就是要把具体问题的象征物移到看不见的地方。什么都看不见不就是空吗？不就是把心安在空上吗？来访者有问题，帮助他把问题移到看不见的地方时，空就出现了。让来访者待在那里，体会看不见问题、也就是没有问题时的身心感受，就是把心安在空上。那个境界里问题不存在，心自然就平了。注意啊，我并没有把问题解决掉，只是把问题放在看不见的地方，这与西方要解决问题的思路不一样。来访者有许多问题，我知道，但我不去解决，只是把来访者带到没有问题的地方，也就是把心放在空上。

5. 老师，请问精神出现问题，譬如精神分裂，怎么用中医角度解释？

中医的解释和治疗，还是从气机运行和内脏角度考虑多，虽然中医也认为精神分裂与外界刺激有关系，但归根结底还是人体气机运行模式和五脏功能不平衡。同样的外界刺激，为什么别人不分裂？《黄帝内经》说："邪之所凑，其气必虚"，还是自身的正气不足。现代医学也认为精神分裂有一定的遗传性，遗传性当然不是外在因素。西医可能会去找到某个基因，然后去换掉这个基因。中医还是从气机运行和脏腑之间功能关系上去分析和治疗。例如可以从刚才讲的五脏所主的情绪去分析，看看是哪个功能有问题，然后去补或者泄相应的脏腑。又如可以调理气机运行，例如刚才说的范进中举，太高兴了，然后疯了，估计可以诊断为精神分裂。这个精神分裂与中举受到的刺激直接相关。刺激如何发生作用呢？按中医理论，直接影响了气机运行。喜则气缓，内气一下子松弛了，打乱了正常的运行节奏。这就是因气缓导致气乱。治疗的时候，从这个角度入手，调理整体气机运行模式，让它再恢复到原来正常的平衡运行，就可以治愈。所以中医有中医的思路，不考虑大脑神经系统中某个核团出了问题。中医和西医都是按照自己对问题的解释机制，去想办法解决问题的。

6. 老师，中医讲究心安，我常常会这样暗示和要求自己，但觉得这容易忽略或压抑自己的情绪。是不是方法不对，不应该这样暗示自己？

这样暗示有些问题，把安心理解为压抑或者忽视情绪是不对的。心安不是压抑情绪，压抑情绪不但没用，还会造成新的问题。例如移空技术解决问题的思路，可以理解为安心。它不是压抑情绪，而是充分了解情绪，然后把情绪变成象征物移走。同样，在生活中面对消极情绪，并不是要假装看不见，绕着走。而是要正视情绪，进到情绪里面，看到它的背后。然后发现情绪背后没什么，心才能安下来，假装看不见是不行的。所以，安心的方法是把它看破看透，就像达摩给慧可安心一样。慧可不是心不安吗？达摩说，将心来，吾与汝安。你不是心乱吗？你把心拿来我给你安。慧可真的去找心，也就是进到了心烦意乱的消极情绪里面，然后发现情绪的背后没什么，没有一个心烦的主体。慧可就说了找不着心在哪里，达摩就说，我给你安完心了。这就是把情绪看破看透了，非但不是绕着走，相反要杀进去才行。按佛学意义讲，看破看穿情绪，就是觉察到它并无自体，不过是因缘和合，缘起性空而已。

7. 老师，您之前说的格物，有分类研究的意思，那《大学》里摆在第一位的就是格物，然后才是其它，这个跟西方的科学分类研究有什么不同吗？如果没有什么不同，那为什么会发展成东西差异这么大的文化特点呢？

《大学》里摆在第一位的是格物，没有说修炼的内容。在格物致知的后面，说了诚意正心修身齐家治国平天下。其中的诚意正心修身里面包含有修炼的内容，但也没有展开。我个人理解是，《大学》里说的观点基本是语言可表达的，有点像教科书，学界或称之为哲学论文。但是修炼是进入大我的，语言无法直接表达。《大学》虽然也朝这个方向走，但没有着重说。因为孔夫子的学说更强调入世，不强调出世的部分。因为前者可学可教，后者不那么容易学，也不那么容易教。而且按照佛家道家的标准，如果缺乏悟性，可能根本就进不去。孔子是因材施教，他教的是大众可以接受的学问，所以着重传授的是可以用语言表达的学问。如此格物就很重要。但格物对于个人心身的提高来说，只是一个方面，并不是所有方面。《大学》格物放到第一，并不代表唯一。孔夫子关于个人修养的最终目标是"从心所欲不逾矩"。这个标准其实超越马斯洛的自我实现，不是仅靠格物就可以达到，还有更深层次的修炼内容。孔夫子也提出了儒家的修行方式，就是心斋。心斋是打坐的一种方式。儒生的理想境界就是半日读书半日静坐，所以还是需要打坐，还是需要进入大我。

8. 情商是处理关系的一种能力，对吗？如何理解老师说的情商是一种情绪？

我没有说情商是一种情绪，只是说情商是用于衡量处理情绪问题的能力。处理情绪问题往往对于处理人际关系非常重要。情商高的表现，往往就是说话别人愿意听。这个解释很简单，但能说明问题。说表扬的话，人家愿意听，说批评人的话，人家也愿意听，这很不容易。所以把话说得很容易让人接受，确实是情商高的重要体现。这其中的心理学意义，就是把话说得入耳入心，使人觉得是满足了需要，而满足对方需要就是处理情绪。但注意能力并不是指技巧，虽然与技巧也有关系。情商就是衡量处理情绪问题能力的指标，包括处理自己的情绪和他人的情绪。

9. 有人说最长寿的是音乐家，姑且不论是否客观事实，请问如何理解音乐与人的关系？

音乐直接影响人的情绪，是最直接表达情绪的艺术，所以它对人的影响就比较大。在心理学意义上，可以认为一切艺术表达的最终是情绪和情感。比如绘画，它最终表达的还是某种情绪和情感，当然它也可以表达一些理念，但是表达理念就不如写篇文章。绘画、音乐、雕塑、舞蹈，表达的基本都是情绪，是感性的，其中最直接的就是音乐，可以认为音符旋律是直接描述情绪，比绘画、雕塑和其他艺术形式，表达的要直接。

另外，很明显的一点是，音乐没有视觉形象，只有听觉形象。有视觉形象的艺术，比较容易表达逻辑关系，音乐的表达是非视觉的。还有一个特点，音乐在时间中表达，它不是在空间中表达，这也和情绪有关。情绪是一个流动的过程，这个过程在时间维度里比较容易体现，在空间里体现就比较难。绘画是在空间中表达的艺术，可以用色彩、线条、形状去表达情绪，但都在同一个时刻。而用一首乐曲表达情绪，就有流动的感觉，有高低起伏，所以音乐非常善于表达情绪。它既没有视觉形象，又在时间里流淌，是最擅长表达情绪的艺术形式。

由于情绪对人有巨大影响，有人说养生最好的方法，或者养生最关键的因素，就是有良好的情绪。从中医讲，良好的情绪直接调理整体的气机运行，而整体的气机运行和谐，直接影响五脏六腑。因此，音乐与养生的关系非常大，适合的音乐可以直接调整情绪，情绪直接调整气机，气机直接调整脏腑。所以音乐，对人的身体健康，对人的性情陶冶，作用非常强，强于其他艺术形式。

10. 移空技术是不是和正念一样，可以用于治疗心理疾患？

当然可以。移空技术适合于治疗的是情绪问题，效果不错。前几天刚有位学员发了一个运用移空技术进行团体危机干预的案例，效果很好。我看了也挺受鼓舞。

11. 音乐问题，五音调五脏？

这个话不错。但是五音里面，包括很多内容。五音是音高，也是旋律，也是调式。我觉得更重要的是调式，不是音高。五音调五脏还涉及音乐的许多方面，比如演奏的乐器、和声，等等。音乐肯定有心理治疗作用，这毫无疑问。心理治疗有音乐疗法嘛。中央音乐学院的高天教授，就专门做音乐疗法，非常有造诣。但五音调五脏与音乐疗法又有所不同，调的不仅仅是心理，按中医理论，调的也是生理状态。

🦌 **12. 老师好！您可否讲解一下祝由？**

祝由的问题比较复杂。我只想说一点，中医有十三科，最后一科是祝由。古代祝由是中医的一种疗法，并不是封建迷信。祝由这两个字是祝病之由的意思。祝就是祈祷，或者说求助；由就是缘由。故祝由就是祈祝疾病的缘由并给予疏导，大概是这个意思。祝由的方法是画符念咒，看起来有迷信色彩，但背后还是有中医的学术道理或者科学道理。现在也有人在研究，专门有祝由研究会，而且也用于治疗，确实有一些效果。现代科学目前还没有办法解释其机理。但科学没办法解释的事物，不一定就是封建迷信。《黄帝内经》中的祝由是中医的一种疗法。

🦌 **13. 当一个人修到大我境界时，心境会平和，情绪不会大起大落，那是不是就不会有那么多的艺术创作需要了？假设整个社会都处在大我状态，那会不会就不会有今天那么丰富的艺术形式和艺术作品了？**

传统文化对艺术影响最大的是什么？是佛家道家的大我境界。在这种境界的影响下，才会有唐诗宋词元曲那样的不朽作品。比如汉朝唐朝大诗人的作品里，包含一种非常大的气度、气魄，就有大我的影子，在小我里根本就写不出来。王维的透着灵气的诗："明月松间照，清泉石上流"；李白的

"黄河之水天上来，奔流到海不复回"。我觉得都含有某些大我的气质，即使是"飞流直下三千尺，疑是银河落九天"，也有一种超凡脱俗的意趣，仅仅是小我很难写出这样的诗句。

有了大我，有了出世之心，再为入世之事，才有非常广阔的胸襟，才能够不计得失去追求永恒的事物，而这正是文艺作品里最深邃的思想情感。即使在西方也一样，甭管哪种艺术作品，都需要有追求，且最终都是追求永恒。永恒是什么？永恒就是大我。如果人人都达到大我境界，那才是真正的太平盛世和大同世界。

现在的世界是貌合心不合，说是同住地球村，地球是个小村子，但大家在一块儿你争我夺，打打闹闹，那算什么大同啊？心同才能身同，才能有行为的相同。现在想的都不一样，都是小我，只能为自己考虑。到都是大我的时候，才能为大家考虑，那个时候才是有精神文明的世界。现在是物质文明的世界，还没有到精神文明。精神的真正文明，实际是高度发达的，人人都向大我迈进的社会，那个社会要是出现了，才是真正的美好的社会。我就说到这儿，说错的地方请大家指正。

第六讲
阴阳二十五人与人格、气质

　　阴阳五行人格划分的先天含义，不是现代心理学里气质因素中遗传学的先天，不是指神经类型的不同，而是指整个大环境的先天，一方水土养一方人的先天。

先回应一个在讨论群中的问题，与上次讲的情绪有关的问题。有位学员分享一个感受说，在微课上听老师讲情绪的背后什么都没有，很不以为然，但又记忆深刻。课后时不时想起这句话，情绪背后不是有诸多挑起情绪的因素吗？比如说别人的误解、劳累、丧失、成功等等。可是有时候又真的感觉情绪背后什么都没有，然后是一个捂脸的表情符。

　　情绪背后到底有没有什么呢？我觉得这个问题提得挺现实，大家都可能会有同感。首先我想说，引起情绪的那些因素，比如说成功失败，赢钱输钱，它们并不在情绪的背后，而是在情绪产生之前。先有引起情绪的因素，然后才有情绪的产生，它们难道不是在之前吗？另外，引起情绪的因素并不是情绪本身，情绪和它的诱发因素是两码事。按照时间顺序，先有引起情绪的生活事件，然后才产生情绪。怎么处理情绪呢。精神分析就寻找童年的创伤，行为疗法就做行为分析，等等。

　　那么，从传统修炼的角度，怎么看待和处理情绪问题呢？我给大家提供个思路，各位可以试试。第一，要把引起情绪的生活事件和情绪本身分开。比如在公司里上班的时候，被别人骂了几句，你头脑一热，情绪就上来了，气也上头了，挺恼火的。然后你坐地铁回家，在地铁上一个劲儿生气，越想越委屈，越恼火。但这时引起情绪的生活事件其实已经消失了，已经属于过去时。怎么处理呢？第一步就是把你的情绪和引起你情绪的生活事件，做一个分离。怎么分离呢？就是回到当下。怎么回到当下呢？你不是在地铁里生闷气吗？那你就抬起眼睛，看看地铁里的各色人等，高矮胖瘦，贫富美丑，什么样的人都有，有什么就看什么。你一关注周围的实际存在，把意念转到当下，不再去想那个引起情绪的生活事件，情绪就没有再产生的动力了。所以，这个分离是时间上的，回到当下，过去就不在了，引起你情绪的生活事件就不在了。

　　第二步，你把你的情绪和引起你情绪的生活事件切割以后，怎么处理当下这个情绪呢？你就深入到情绪里去看。注意这不是现代心理学的方法，而是和传统修炼有关。你就会发现，你觉察到你的愤怒的时候，你的内在是两部分，一部分是你的愤怒，另一部分是你对愤怒的觉察。如果你能分辨这两者，你就会明白，你的愤怒并不是你，你的觉察才是你。

然后，你回到你的觉察这一边，不要站在愤怒那边。这就是回到了我说过的，到达了没有问题的地方。我说的这个觉察，就是能够觉察到愤怒的那个意识存在，也就是你内在的大我。

佛者觉也，佛说人人都具佛性，就是说人人都有觉察。正在愤怒的那个我，是你的小我，能够觉察愤怒的那个我，就是你的大我。

如果理解了以上内容，你就会明白，只有大我存在，才能够产生小我。你就会知道，你的大我和小我其实不是一回事。大我实际上百毒不侵、百邪不沾，你再有什么情绪，也碍不着大我。就像我举过的例子，大我好比是电影院的幕布，小我是放映在幕布上的电影，电影人物打得再热闹，动枪动炮动原子弹都行，幕布丝毫不会受到损伤。同样，人内心深处的大我不受任何情绪干扰。正因为它坚如磐石，稳如泰山，一动不动，所以你才能觉察出形形色色的情绪，形形色色的认知。反过来，如果你通过你的情绪发现了你的觉察，其实你就找到了你的大我，然后你舍弃小我，在大我那里待着就行了。

佛家不是有句话说"烦恼即菩提"吗？我觉得就是当烦恼来的时候，通过烦恼会发现知晓烦恼的菩提。菩提是什么？就是那个觉察，即大我。所以烦恼就修行而言是一条通往大我的路，也就是你可以从小我出来，跳到大我，到达没有问题的地方，如此烦恼就会消失。当然这样做也需要熟练，有时候虽然明白了道理，也看到了大我，但就是站不过去，还得站在小我这边，它拽着你不撒手，你不让它撒手。

以上的方法不是任何一种心理学方法，我没有找原因，不找引起情绪的生活事件，没有做行为分析，没有做精神分析，也没有从人际关系分析，只是进入情绪，发现它本身的构成。当你发现并驻于觉察的时候，情绪就消失了。

一、心理学的人格、气质

今天的题目是阴阳二十五人与人格气质。先讲心理学怎么看待人格气质，再回过去讲传统文化中的观点。

现代心理学把人格和气质分开了，实际上两者有共通的地方。我这里只简单介绍基本概念，详细内容大家可以去查专著。先说一说人格的基本概念。人格按照心理学的本意，指演员在舞台上戴的面具，这在讲荣格的集体无意识时已经说过了。面具，如同中国京剧的脸谱，心理学把这个术语借用过来，说明在人生的大舞台上，每个人会根据社会角色的不同来更换面具，所以面具就是人格的外在表现。

面具有两个特点，第一，它是相对固定的，是个体稳定下来的思维和行为模式；第二，它可以变换。记得川剧里有个变脸吗？面具换得特别快，所以人格并不是一成不变的。

个体随着社会角色的变化，面具也在变化。比如说你在单位是个官员，是位首长，你在单位的人格面具和你在家里的人格面具就不一样。在单位可能是一个很严厉的老板，在家里可能就是一个慈眉善目的父亲或者母亲。所以每个人的面具都有几套，各不相同。

由于每个人的生活环境和遗传因素、家庭，都不一样，每个人都有他自己独特的思维和行为方式，这就是他的人格。心理学关于人格的概念，就是个体比较固定的思维和行为模式。这个模式是认知方式、情感方式、意志过程三者综合起来形成的特征。人格到底有哪些维度和内容呢？记得我学心理学的时候，曾问过智力到底是什么？也没人说清楚过。例如有智力的三因素说、五因素说等等，并没有统一的共识。

关于心理测量，我就问老师，智商测的到底是什么？是智力吗？为什么有这么多不同的智力量表？老师回答我一句话，我至今记忆犹新。他说：智力量表所测的，就是它们测的。这个回答好像什么都没说，但实际上特别准确。换言之，至于测的是不是智力，那就见仁见智了。大体上，智商测量包括记忆能力，思维能力，逻辑推理能力，行动能力等，但是总的说来，到底什么是智力，并没有标准答案。人格其实也同样，不同的人格量表测的项目也不一样。

例如艾森克问卷，有三个主要的维度：一个是内向外向，一个是神经质，一个是精神质。内向外向容易理解；神经质指的是情绪状态，是情绪性；精神质和精神病还不是一个概念，指的是特别粗暴特别倔强的那种特点，有点像本我或者是阴影里的某种因素，但并不指精神病。就这三个维度，加上个测谎维度，就是艾森克量表的构成，可以说内容都很抽象。卡特尔十六因素呢，内容要多一些。这十六因素是：乐群性，就是愿意和大家接触；聪慧性，这是智力因素，还有稳定性、恃强性、兴奋性、恒常性、敢为性、敏感性、怀疑性、幻想性、世故性、忧虑性、实验性、独立性、自律性、紧张性。这十六个因素也都很抽象，所描绘的人格并不具体。内容最多的人格量表大概是明尼苏达，有几百个条目。

这些人格量表到底测的是什么？标准答案大概还就是老师说的那句话：它们所测量的，就是它们测的。测量的内容肯定是人格的组成部分，但是不是完满的人格，就很难说了。所测的项目给了一个方向，告诉你大体上从哪些角度看待人格，仅此而已。艾森克就认为，人格包括认知因素、性格因素、气质因素、躯体因素，还有其他一些因素。他最后总结的，就是内外向、神经质和精神质三个。

再说说气质的概念。气质是说明心理活动的强度，速度，目标性，指向性等等方面的特征，我个人认为与人格并没有太大的差别。它和人格的不同似乎不是内容，而是归因比较侧重于生理。气质比较强调先天，认为它是神经系统活动的特征，是神经系统活动的强度、速度，灵活性和指向性，而人格是指个体后天在社会生活中形成的思维模式和行为模式特征。所以我觉得二者是生理心理、先天后天的视角不同，内容上没有绝对的划分。

记得我读过一本俄罗斯的心理学教科书，举过一个关于气质的例子。说有四个不同地区的少年，分别买了戏票，上国家大剧院去看戏。这四个人都迟到了，都被拦在了门外不让进。对于不让进场这样一个生活事件，四个少年各有不同的表现。第一个非常愤怒，和收票员大吵一顿，说我不就来晚点吗？凭什么不让我进？又不是没买票。这里要说明一下，在俄罗斯看大戏是一件严肃的事，在某种意义上可以说很郑重。所以说迟到是不行的，晚了就不让进，直到中场休息才可以进去。第一个人吵架，第二个看到了，他一看不让进，扭头就回家了，干脆不看了。第三个呢，一看迟到不让进，就在那儿等着，等到中场休息的时候，进去了。第四个有意思，他一看正门进不去，就在旁边找了一扇窗户，跳进去了。

这些少年的四种行为表达，俄罗斯的教科书上就说是人的气质决定的，是他们的神经活动类型决定的，与他们的性格，后天的人格，并没有太大关系。按照古希腊的四种气质类型，胆汁质就是跟人吵架的那位，抑郁质是自己回家的那位，多血质是跳窗户进去的那位，黏液质是等到中场进去的那位，完全都能对上。现在划分的气质类型，有体型说、激素说、血型说等，都与古希腊的四种类型有这样那样的关系。实际上，艾森克的人格类型划分，多少也有点古希腊的影子。所以我不认为气质和人格有内容上的很大差别。

生活中要认识清楚自己的人格和别人的人格，其实都不大容易。生活中每个人都戴着面具过日子。每个人自己知道不知道呢？大体情况是，有时知道，有时不知道，有些知道，有些不知道。明智者少，浑然不知者多。所谓"人贵有自知之明"的含义之一，就是能否清晰地知道自己总是戴着面具。

在荣格那一讲谈到过，一些官员退下来就不适应，原因就是把官员的面具当成了自己的真实人格。记得有轶事说，英国女王回家，说"女王回来了"，她丈夫就不开门；说"妻子回来了"，她丈夫才开门。这也是面具没戴对。所以，面具往往不是或者不完全是人格本身，它只是做给别人看的，就好像脸谱是给别人看的一样。但有些面具因为戴得太久，可能已经融进了潜意识里，本人就可能浑然不知了。另外有些面具可能是有意做的，例如英国女王回家。

一个人真实的人格，应该说是他所有面具的总和，包括他独处的时候。每个人通常自己知道，在家里和在单位的表现是不一样的，换另外的场合，表现又不一样。所以在不同的时间地点，自我其实也不同。每个人自己认识的各种场合下面具的总和，就是他的自我。这里讲的自我是个体意识到的自己的面具总和，包括别人没发现的。

但是自己认识到的自我人格还未必是真实的人格。就实际生活而言，别人看到的你的人格，和你自己看到的你的人格，不见得一样。别人是从别人的角度认识你，与你自己的角度不同，结论当然也不尽相同，尽管你不见得故意隐藏自己的人格。准确认识一个人的人格其实很难，有的时候从外表看和内在看完全不一样。

有些外表光鲜的女孩，宿舍里或者家里却乱七八糟。日本人对化妆、家里家外不一样，这就反映了个体人格的不同侧面。

另外，每个人自己也不能完全认识自己，认识自己并不比认识他人容易，因为自我每天都在变化。自己要是把自己认识清楚了，其实是一件挺伟大的事。"不识庐山真面目，只缘身在此山中"啊。我这么说可能有点抽象，具体说来，个体的自我人格，其实是每天早上一睁眼睛才重新开始形成的。如果你很敏感的话就会发现，早上刚一睁眼睛的时候，你不知道自己是谁，也懵懵懂懂的不知道自己在哪儿。等你回过神来，慢慢想起昨天，或看到周边的事物，你的自我人格才重新开始塑造而成。所以你的人格不是固定不变的，睡眠的时候已被打乱和删除，每天早上起来是由记忆中所有的内容重新构建。而你的记忆力是变化的，你的生活是变化的，所以你的人格也是不断变化的。当然，首先得承认，人格之所以称之为人格，是指人的思维行为模式相对固定的那一方面。我这里强调的是人格变化的一面。好，关于心理学的人格、气质就讲到这里。

二、中医学的阴阳二十五人

下边我就说说古代的人格气质，说说中医的阴阳二十五人。听到阴阳这个词，就已经觉得与现代的反差很大了，完全不是同一套观念。中医以阴阳五行学说为基础，来讨论人体的身心结构与功能。阴阳二十五人讨论的是人的不同体质类型，并不叫人格。但体质类型讨论的内容，包含心理学的人格、性格、气质内容，而且更宽泛些。以下为了便于讨论，一律都称人格。

先简单介绍一下阴阳五行学说。阴阳和五行是两个学说，这两个学说互相关联，但阴阳学说比五行学说形成得更早一些。阴阳学说最简单的理解就是月亮和太阳，一个阴一个阳，非常明显。但它不是指太阳和月亮本身，而是指太阳和月亮的属性，例如火热、明亮和寒凉、阴暗。所有的事物按相似于太阳月亮属性的不同，就被分为了阴阳两类。

五行是木火土金水，是指这五种事物的性质，"行"有灵动变化之意，五行就是五种不同的属性。比如说木，木头容易燃烧，所以木性生发；火苗上扬，所以火性炎上；水流低处，所以水性润下。五行就指的是生发、炎上、润下等不同的性质。而春天万物复苏生长，有生发的性质；夏天万物繁茂，有长养的性质；秋天风扫落叶，有肃杀之性。按属性将事物归类，把相同性质的事物就归为同一行。比如木行，是把所有具生发属性的事物归在一起，如春天、肝脏、青色、东方。以此类推，火土金水各行都一样。五行学说的运行动力是五行属性之间的生克乘侮关系，例如相生关系是木生火，火生土，土生金，金生水，水生木；相克关系是木克土，土克水，水克火，火克金，金克木。乘侮关系相对复杂些，这里就不介绍了。所以五行学说简言之，就是五种事物属性之间的作用关系。

　　这种认识事物的思路——从事物的属性关系把握事物，是传统文化认识事物的基本思路之一，现代科学里较为少见。阴阳学说也是这样，阴和阳是两种属性，两种有互补、对立、统一、转化的关系。

　　阴阳五行学说有什么用呢？有用。下边要讲的阴阳二十五人就是应用之一。在阴阳二十五人中，包含两种人格类型，一种是按阴阳划分的，一种是按五行划分的。按照阴阳划分的有五种，分别是太阳之人、少阳之人、太阴之人、少阴之人，以及阴阳平和之人。所以，按阴阳属性的不同，五种人格类型中，属阴的两类，属阳的两类，阴阳平和的一类。它们各有哪些特点呢？在《黄帝内经·灵枢·通天》里，黄帝问曰："余尝闻人有阴阳，何谓阴人？何谓阳人？少师曰：天地之间，六合之内，不离于五，人亦应之，非徒一阴一阳而已也，而略言耳，口弗能遍明也。"这段文字译成白话就是：黄帝问，人有阴阳，什么叫阴人，什么叫阳人？少师跟他说，天地之间，不光是有阴和阳，还有五类呢，我可以给你略说一下，但是不能说得很详细。然后少师就说："盖有太阴之人，少阴之人，太阳之人，少阳之人，阴阳和平之人。凡五人者，其态不同，其筋骨气血各不等。"怎么不等呢？大家听啊，特别有意思。少师回答说："太阴之人，贪而不仁，下齐湛湛，好内而恶出，心和而不发，不务于时，动而后之，此太阴之人也。"翻译一下，少师的话就是，太阴之类的人，特别贪婪，而且不讲信誉，表面上很谦卑，但是内心很险恶，好得不好失，喜怒不形于色，不识时务，只知道利己，行动上惯于使用后发制人的手段。大家看看，太阴之人的特征够阴的吧？

要注意的是，原文说的特别生动，特别具体，不像卡特尔十六因素，或者像艾森克那样说得很抽象，什么兴奋抑制、内向外向。阴阳二十五人表述的人格特征，说得很实在。例如什么贪婪、阴险、喜怒不形于色，还惯于后发制人！这些都完全不是虚的，是实的，这种行文表明了古人对于人格的认识思路。

再说说少阴之人，原文是："小贪而贼心，见人有亡，常若有得，好伤好害，见人有荣，乃反愠怒，心疾而无恩，此少阴之人也。"这段原文是什么意思呢？就是说少阴之人喜欢贪小便宜，而且嫉妒心特别重，看见别人有损失就幸灾乐祸，好伤害别人，看见别人有荣誉自己就愤怒，心怀嫉妒，这就是少阴之人。

阴阳平和之人怎么样？原文是"阴阳和平之人，居处安静，无为惧惧，无为欣欣，婉然从物，或与不争，与时变化，尊则谦谦，谭而不治，是谓至治。"这是说阴阳平和之人心里特别坦荡，不患得患失，清心寡欲，既不过分高兴，也不过分忧伤，能够顺从事物的发展规律，不计较个人得失，善于适应形势的变化，无论地位很高或者不高，都很谦虚，而且常常是以理服人，不采取压制的手段整人，一般有很好的组织管理才能。

太阳之人什么样？原文"太阳之人，居处于于，好言大事，无能而虚说，志发于四野，举措不顾是非，为事如常自用，事虽败，而常无悔，此太阳之人也。"用白话说，就是好表现自己，洋洋自得，说大话，但是又没有能力去完成，好高骛远，做事不顾后果，自以为是，而且失败了，也不后悔。所以，只有阴阳平和之人是古人所追崇的，其他太阴太阳少阴少阳四类人（少阳之人因时间关系，不细说了），就没说什么优点，全都是说的缺点。总之是只有阴阳平衡才行，不平衡就是毛病。太阴了，按照现在的标准，就是个坏人；太阳了，就是个浮夸的人，也不行。以上就是古人的阴阳人格类型。

还有五行人格类型，比阴阳人格类型复杂。木火土金水不是五种类型吗？还不仅于此，之后在每个类型中又分了五种，这不就是五五二十五了吗？所以就是二十五人，也就是二十五种人格。《黄帝内经·灵枢·阴阳二十五人》中说："木形之人，比于上角，似于苍帝。其为人苍色，小头，长面，大肩背，直身，小手足，好有才，劳心，少力，多忧劳于事。能春夏不能秋冬，感而病生，足厥阴佗佗然。大角之人，比于左足少阳，少阳之上遗遗然。左角之人，比于右足少阳，少阳之下随随然。钛角之人，比于右足少阳，少阳之上推推然。判角之人，比于左足少阳，少阳之下栝栝然。"

这段话，翻译成白话还是挺有意思是。说木形之人，又分成上角、大角、左角、钛角和判角五型。角是什么意思呢？角是属木的那个音。五音不是宫商角徵羽吗，角又念

jué，是木音。按木的声音再分成五类，就是上角、大角、左角、钛角、判角五种人格。

木形之人的第一类是上角。上角"类于苍帝"，什么意思呢？苍就是绿的意思，苍色，春天之色，木色，这里是说这类人脸色有点发青。接下去说头比较小，脸比较长，肩背比较直，身子比较小，手足呢，长得挺好，人有才，"劳心少力多忧"，一看就是个苦命的，忧虑也多。"劳于事"就是老忙活，不消停。"耐春夏不耐秋冬"是说春天夏天能过得比较好，秋天冬天就过得不太好，容易感风寒而病，所以说"感而病生"。这也与属木有关，草本木本植物，都是春夏枝叶茂盛，秋冬枝叶凋零。这类苍色之人是木形之命最好的人，木气比较充足，属足厥阴肝经之人，因为肝经是属木的本经。"佗佗然"是柔美稳重的意思，即是这类人格特征的总括。

木型人里的大角之人，归属足少阳胆经，肝胆虽然都属于木，但肝经在里为本，胆经在外为标。大角为左足少阳上。这类人格的总括特征是："少阳之上，遗遗然"，"遗遗然"就是美而逶迤，婀娜多姿，步态很好。

然后左角之人，为右足少阳下，人格特征是"随随然"，就是处事随和，比较顺从。木性随顺，木头就是怎么雕怎么锯都行，随随然嘛。木匠和铁匠不一样，铁匠得砸半天烧半天才能塑形。

钛角之人是右足少阳上，人格特征是"推推然"，就是积极向上进取的意思。

最后是判角之人，为左足少阳下，人格特征是"栝栝然"，是说这类人举止大方，刚正不阿。

所以属于木行人格按照声音分成五种：上角、大角、左角、钛角、判角，他们的人格特征分别是佗佗然，遗遗然，随随然，推推然，栝栝然。这个文言虽然很古，但译成白话好像也还像是那么回事。

土行之人的分类是："土形之人，比于上宫，似于上古黄帝，其为人黄色圆面、大头、美肩背、大腹、美股胫、小手足、多肉、上下相称行安地，举足浮。安心，好利人不喜权势，善附人也。能秋冬不能春夏，春夏感而病生，足太阴，敦敦然。大宫之人比于左足阳明，阳明之上婉婉然。加宫之人，比于左足阳明，阳明之下坎坎然。少宫之人，比于右足阳明，阳明之上，枢枢然。左宫之人，比于右足阳明，阳明之下，兀兀然。"

这段话是说土形的人皮肤一般呈黄色，脸是比较圆的，头大，肩背部发育比较好，肚子也大，下肢比较长，很健美，肌肉丰满，全身上下都很匀称，落地轻快，人也比较安静，做事慎重，乐于帮助别人，不喜欢权势，善于团结人。然后就说耐秋冬不耐春夏，就是春夏季节容易生病。

土的声音是宫，也就是宫商角徵羽的宫音。土形之人根据宫音划分成五类，有上宫、大宫、加宫、少宫和左宫。

上宫人的人格特征是"敦敦然"，大宫是"婉婉然"，加宫是"坎坎然"，少宫是"枢枢然"，左宫是"兀兀然"。

翻译成白话，上宫人忠诚敦厚；大宫人平和柔顺，加宫人端庄持重，少宫人温润婉转，左宫人独立奋进。由于时间关系，火行之人、金行之人、水行之人就不在这里一一介绍了。《黄帝内经》对这些人格类型的描述，与木行之人、土行之人是同样的视角与方式，可以类推。有兴趣者可以去读原文。

以上简单地介绍了一下中医的阴阳二十五人，其中阴阳是一种划分类型，五行是一种划分类型。按阴阳是五种，按五行是二十五种。这二者的关系，就像是两种不同的心理测量方法，例如艾森克与卡特尔十六因素。下边就将中医的这些人格类型与心理学的人格类型做一个简单的比较。

三、阴阳二十五人与心理学人格之差别

中医的人格和心理学人格的第一点差别，就是心理学的人格因素基本上是心理因素，包含一些属于生理学的神经学因素，但主要是心理因素。即使是神经学因素，也是讲神经的运行的速度、强度，并不涉及神经元的活动原理。例如上

一节讲情绪的时候，是把情绪产生的因素与杏仁核相关联，但并没有说杏仁核的生理结构和工作原理，只是说杏仁核那儿管着情绪。所以心理学的人格即使说到了生理和体质，也还是强调心理表达的那一方面。

中医的阴阳二十五人就不同了，它包含很多体质的因素。比如说耐秋冬不耐春夏，完全是身体的因素，到秋天就容易得病，或者到夏天就容易得病，完全是生理因素。甚至表述了人的脸色、身材、身体特征：属木的人脸色有点发青，属土的人脸就发黄；属木的人身材修长，属土的人脸比较圆，肩背比较厚，肚子也比较大。这些完完全全都是生理因素，或者说是体质因素。所以中医归根结底还是身心合一的，并不把心理因素单独提出来。而且，行为因素也包括其中。比如太阴之人，比较阴险，好嫉妒人，还惯于后发制人，这些都是与心理因素相关的思维、行为模式。这些内容在现代的人格学说里见不到。故二者还是身心是否合一的区别。

第二点差别就是先天因素的内容不同。现代心理学的人格气质学说有些先天因素，比如神经活动类型是先天的。但这个先天因素还是个体的先天，是个体遗传因素的先天。阴阳二十五人就不然了，个体阴阳五行属性的禀赋不同，虽然也包含父母的先天，但更多地包含了自然环境、社会环境的先天。这个先天和遗传学的先天就不同了。前几天看一篇文章，说各地的女性有什么不同。文中举的一个例子很说明问题。说上海的女性，假定她老公一个肾坏了，会好好给治，但她内心里想的是，要是治不好，得换个老公，绝不可能把我的肾换给他。而如果是东北的女性，她可能把老公大骂一顿，但会跑到医院和医生商量，如果能换的话，就把自己的肾换给老公。两地的女性对待同样的境况反应各不相同。这里没有任何地域歧视的意思，只是说不同的地域形成的不同性格特征。南方的阴阳五行属性和北方的不同，于是不同地域产生不同的人格。这不是个体的遗传因素，而是天人合一的认识个体、人格的思维方式。还记得有个搞销售的人说过，武汉的女性特别热情，跟火一样，搞销售要做培训时，在武汉就不用搞，那里的人风风火火，马上给张罗起来，根本不用你忙活。但是要是到河南就不行，张罗半天，来的人也不多。这就是不同的地域有不同的人格气质，基础的解释还是阴阳五行学说。

东南西北中，五行的归属、阴阳的分布各不相同，就如同南甜北咸、东辣西酸一样，人的体质、个性特征也不一样。所以阴阳五行人格划分的先天含义，不是现代心理学里气质因素中遗传学的先天，不是指的神经类型的不同，而是指的整个大环境的先天，一方水土养一方人的先天。另外，阴阳五行的偏颇，在一定程度上也可以弥补。这种弥补不一定非得吃药，古人有说江南的橘子到淮北就变成了枳，所以要改变地域的阴阳五行属性，搬个地方住就有可能，时间长了就会不一样。

现在不是有好多北方人，跑到海南去过冬吗？这就是在改变阴阳五行的外在环境，而这种环境的改变，会影响个体本身的阴阳五行的属性，无须吃药，就肯定会有变化，例如原有的疾病可能缓解。出国从北半球迁到南半球，也肯定有不一样，中医讨论人格问题的思路，包括这些变化。

再一点差别就是抽象和具体的不同。这个我就不多说了，看看古人原文就知道，阴阳二十五人的人格差别说得非常仔细具体。但要看卡特尔十六因素、艾森克量表，或明尼苏达问卷，都没有那么具体，都说的是某种倾向，并没有落实到具体的行为模式上。所以中国的传统文化非常讲究实际，与西方那种通过分析归纳进行抽象、得出普遍性的认识事物的方式不同，它直接来自先后天的阴阳五行因素。

在这个意义上说，它并不依靠眼前的或者小范围的实践。西方的科学要在实验里做出来最好，东方不一定，它从更大的角度、从天人合一的角度看问题，不是从小的操作角度看。有学者认为，中医的基本理论并非直接来自临床实践，我觉得有道理。为什么说中医理论可以如是呢？因为它可以直接来自阴阳五行的规律。阴阳五行是世间万物的规律，也包括医学在内，可以直接应用于临床，而不必从临床里再来。所以东西方还真是两个宇宙观，不是一个。

简单总结一下，现代心理学的人格气质和中医里面的阴阳二十五人的差别，不管分了几点说，其实根本上还是小我大我的差别。西方的科学从小我出发，关注于小我周边的事物环境，然后得出结论；但是东方传统文化从大我出发，从整个宇宙的运行规律得出具体事务的现行模式。这二者没有高下优劣，而是需要结合，从本质上确实有根本的思维方式和眼界的差别。

四、问答

🦌 **1. 按中医的理论，治疗心理问题，不能仅仅从心理来，要和身体调节一起来，这样效果更好。可以这样理解吗？**

是这样。从中医角度看，心身是合一的，所以心理疾患可以从生理治疗。其实所有的疾病都是心身合一的，并没有单纯的生理疾病或心理疾病。得了一个生理性疾病，是不是情绪也受很大影响啊？得病都不高兴，肯定不高兴，这是不是心理因素呢？是。西方科学是一种分科、分门别类研究事物的方法，这个分是有道理的。但是综合起来也是有道理的，你根本不会见到一个只有心理没有生理的人，也不会见到一个只有生理没有心理的人。人就是一个整体，他的任何一种情况，都是整体性的。分门别类是一个角度，整体研究也是一个角度。中医侧重于从整体看，不严格地去区分生理和心理。

🐎 **2. 阴阳五行看人是《黄帝内经》哪一章？**

《黄帝内经·灵枢》有两篇，一篇是《通天》，还有一篇是《阴阳二十五人》，这两篇都是讲中医的人格。前一篇讲阴阳人格，后一篇讲五行人格。如果你有兴趣，还可以去查一下中医的"五态人格量表"。它是以阴阳人格的五种类型为基础，学习现代心理学的方式制作的人格测量量表。五态人格量表目前还是中医唯一的一个心理量表，信度和效度都不错，也已经得到了比较广泛的应用。

🐎 **3. 问一个可能不成熟的问题：我们修成大我了，也要面对生活中有关生存的小我问题，怎么去把控小我的影响呢？或者，问这个问题，是否本身就是没有开悟的表现？**

还是大我和小我的关系问题。所有的人修行，都是在小我的环境中，这并没有什么错。按自我本我超我的学说，人的基本生活层面就是生物学层面和社会学层面，也就是小我层面。但如果想要修到大我，就需要超越这个层面，比如说到达宇宙层面或其他。那你先得找到这个层面，像我刚才讲情绪处理，得先从小我情绪里找到背后的大我，找到以后要在那儿能待住。而一旦在那儿待住，怎么处理这个情绪，你马上就知道了。

　　例如如果你很愤怒，按照刚才说的步骤，你先回到当下，关注当下的环境，把你的情绪和引起情绪的生活事件做一个分离，情绪就孤立出来，从时间上分离了。然后再把它从空间分离一下，发现情绪背后的大我，也就是能够觉察到情绪的那个我。觉察得越清楚，大我就越强，觉察得越清楚，情绪就越弱。其实就是大我强了，小我就会弱下去，愤怒的情绪就会慢慢消失掉。所以实际上并不需要去学习怎样控制小我，不用控制它，觉察它就足够了。这就像是你做事的时候，旁边有个人在看着你。你一旦觉察到有人在看着你，你并不需要故意去改变做的方式，但做的方式自然就会发生变化。所以，如果你时时刻刻都觉察到自己的每一个念头和行为，它们自然会发生改变，并不需要去控制。所以不是修到大我，小我就没了，而是你该干什么你还干什么，但是你知道你自己在干什么，因为有觉察。谁在觉察呢？佛者，觉也，佛就是觉察之本体。所以，人在做，天在看。至于问这个问题，是否本身就是没有开悟的表现？应该说：是。

🐎 4. 我认同您说的回到当下处理情绪的办法，这样可以转移我对那个故事给我带来的情绪困扰。但是造成这个情绪困扰的观点和想法并没有转化，当不活在当下的时候情绪还是依然会出来，您怎么看？

我说的办法你只做了一半呀！你回到当下，还不够，这是你把你的情绪和产生你情绪的生活事件做了一个分离。这是第一步。你还得把这个情绪中的觉察部分和被觉察部分做个分离。然后你站到觉察部分这一边，你的情绪才能消失。所以做一个分离还不行，还得再做一个分离。这是一个二次分离处理情绪的技术。第一个分离在时间上，把事件和情绪做了分离，然后在空间上，把小我和大我分离，然后你待在大我这边就行了。但这个办法并不是解决了什么问题。我还是说我那个观点：我并不解决你的问题，只是把你带到一个没有问题的地方。我没有改变你的认知，也并没有改变你的思维，但你清醒下来之后，自己会反过来冷静地考虑这个问题，你的认知自然会发生变化。你会觉得这个愤怒，或者悲伤，没用的，很愚蠢，应该找更聪明的办法。所以不是我改变你，而是你自己的情绪平息了之后，会发现这种情绪根本就无效，于是放弃。这时候你的问题不就解决了吗？

5. 老师为什么是二十五人呢？我觉得二十五人这么具体，感觉有些绝对。阴阳五行比例肯定有不同吧？应该不止二十五呀！我们古人研究这二十五人是为了干嘛呢？我能根据这个把自己分析成哪一类，然后想办法补阴阳或五行的缺乏达到阴阳平衡吗？

你说的有些道理。阴阳二十五人不是让你去套，去对号入座。在《黄帝内经·灵枢·通天》篇里，已经说了"古人善用针艾者，视人五态乃治之，盛者泻之，虚者补之。"即阴阳如果不平衡的话，可以通过针法灸法补不足泻有余。这里介绍阴阳二十五人是想让大家了解传统文化怎样考虑人格问题，与心理学有什么不同。你说不只二十五也对，可以分成无数类，但是分成无数类并没有什么意义，抓住有典型意义的类别就可以了。

我再多说一句，五，是一个很神秘的数字，对于人类来说似乎是个神秘的数字。为什么这么说呢？人有五个手指头、五个脚趾头吧？人的四肢加上头是五个叉吧？传统文化的重要内容河图洛书，都在五上做了很多文章。五是一个非常基础的数，古人讲一三五七九是阳数，二四六八是阴数，阴阳的不同，五在中间，是一个为中的数。五这个数在传统文化里有点神秘，就如同七这个数在西方有点神秘，上帝创造世界，用了七天。所以现在一星期是七天。

6. 阴阳应该包含一切。因为阴阳即是世界。您说哲学的

相互关系是不是也可以用阴阳来说明呢？

阴阳包含世界的万事万物，大体可以这样说，但是哲学可不是万事万物。我的理解，哲学更多的是讨论存在的本体以及万事万物之间的相互关系。或者说，阴阳学说可以包含一切事物，但哲学只研究其中抽象的本体及关系部分。由于整个世界并非直接由本体和关系构成，还必须要有形形色色的事物，所以阴阳学说与哲学还是有很大不同。我觉得二者的区别在于，阴阳双方有属性，所以可以指代具体事物，但也因此对存在本体及事物关系的表述有所局限；哲学抛开了具体事物，就探讨存在本体及事物之间的关系而言，概括性可以更强。例如，阴阳双方有属性的不同，哲学的对立统一规律双方不具属性，比较一下，就知道谁的范围大谁的范围小，谁是世界万物，谁不是了。但是这个问题要说起来就得争论半天，不同意见肯定有，这里就不展开了。

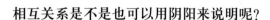 7. 如果追究疾病的根源，个人有点觉得是先有鸡还是先有蛋的问题，到底是生理问题引起心理问题？还是心理问题引起生理问题呢？或是先天决定的？情绪似乎只是一个桥梁作用，老师是怎么看待这个问题的？

我这里主要说中医观点。中医的观点主要是看当下，不太去追根寻源，处理当下的病症为要。就好像刚才我说的处

理情绪，只处理当下的情绪，至于情绪怎么来的，因什么事来的，我可以不问，只需要把它分离开就行了。具体说到疾病是什么原因，其实大都是推测，西医之后再去做实验去证明。原因肯定是找不全的，肯定是多方面的，有的在前，有的在后，也会有同时的，不会只是单一的原因。西医的观点是先找到原因再治，这没有问题，并不错。但中医认为找原因只是治病的思路之一，可以从因论治，也可以不从。要治的是病，不是治病的原因，把当下的病症解决好就行了。所以在中医这里面，无所谓鸡和蛋的问题。但这个问题细说比较复杂，也会有争议。这里只是笼统地说一下不同于西医的思路，不全面，不再展开了。

🦌 8. 如何看待大我（无我）与虚无主义的异同？

这两个完完全全不一样啊！大我一点都不虚无，它实实在在地存在，是人的根本存在。虚无其实还是小我的，是人认为的虚无，是给某种现象贴的认知标签，是人的一种认识。大我的那个无，是实实在在的无，不是虚无的无，所以它和虚无主义完全不是一回事。虚无主义认为生活没有意义，主要是从意义角度来说的，大我的无不涉及意义。这个问题要想彻底明白，只能先打坐，等坐到无的境界之后，就会知道是怎么回事了，仅从概念上没有办法把握。虚无这个概念是小我的，从存在主义而来。存在主义的观点，就是认为生活本身没什么意义，而意义本身是人赋予的。只有人类有这个问题，除人类之外的所有生物，都没有寻找意义的问题。宇宙自然的存在，只是存在，也不涉及意义问题。

9. 情绪从大我的角度看，就没有了，但有时候我们生活中，小我的情绪就又回来了，谁在产生这个情绪，每次小我的需求都会不同，每次都用大我去看，大我达到一个水平后，慢慢地情绪就没了！我的理解，不知道对不对？

谁在产生情绪，不是刚才说过吗？是生活事件产生情绪。情绪是人的小我部分，这是肯定的。那么有了大我，情绪是不是就没了呢？我觉得不是。情绪仍然有，但比较宽了，可能更宽更深，而不是更冷漠。比如说人们常说大我和大爱相关，就是把小爱变成大爱了，并不是没有爱了。大我不计较小事，小我斤斤计较的事，大我忽略了，这是肯定的，但并不等于没有情绪，实际上可能有更丰满、更深刻的情绪。佛经上说过，练到三禅的时候，会有一种极度的喜悦，生活里从未有过的强烈、深刻的喜悦，那实际上是大我的愉悦。当回到存在本身的时候，也就是回到大我的时候，会知道存在本身就是愉悦，这就不是小我的情绪了。小我的情绪是在某件事上挺快乐或者挺悲伤的，但不是存在本身的快乐或悲伤。大我的情绪是源于存在本身，不从生活事件而来，所以生活事件也影响不了大我的情绪。

🐎 10. 讲一个实例请老师分析一下。有一天我因为工作，和一个年龄比我小好几岁的同事大吵了一架，当时我控制不住自己，接下来的一个多小时我一直大哭。我自己又看着大哭的自己，分析自己控制不住情绪的因素：过度劳累，夫妻间的认识不和谐。自己行为方式对自己的伤害，压迫得自己透不过气来。自己一直压抑自己，表面平安无事，可是一有导火索便爆发了。看到了引起情绪爆发的因素，我处理了，一切好多了。老师，如果我仅仅处理情绪，不看引起情绪的因素，再有导火索，会不会又爆发？

处理情绪问题，选择你自己觉得有效的方法处理就行了。愿意找原因，那就去找，愿意直接处理，就直接处理。我的体会是，找原因，即使是同一个生活事件反复出现，引发的情绪，会一次比一次弱，慢慢地，就会越来越弱。最后仍然是那个生活事件，也引不起什么情绪了，就好像行为治疗中的系统脱敏一样。所以要是找到了原因，又一时处理不了原因，等着也行，等情绪自然衰减。比如说就大哭，使劲哭，等到哭累了，情绪也就少了。情绪是自然会衰减的，不处理原因也会衰减。当然这只是一种什么都不做的方法。我在这里说这个方法，是说明情绪问题可以用多种方法处理。我前面说到的二次分离的处理方法，是类似于修行的方法，也就是找到大我的方法。这种方法比较彻底，适用于各种情绪。当然这种方法也需要练习，不是一次就行。在日常生活中，我觉得处理情绪较容易的方式是先宣泄，宣泄完了之后，再用二次分离技术找到大我。移空技术其实就是这样做的，到达空就是到达了大我。移空技术既是心理治疗技术，也是自我提升技术，可以自己给自己做，所以可以用于解决自己的情绪问题。

第七讲
气功的存想与心理学的催眠

　　存想与催眠两者，都能触及潜意识。暗示性很好的人，用催眠术就行，如果是个性很强的人，觉得催眠麻烦，用存想就行。二者所达到的目的，可以异曲同工。

这一讲包含两部分内容，一部分是介绍气功的一种修炼的技术，叫存想；另一部分就是心理学的催眠术。我觉得存想和催眠在操作和效果上有异曲同工之处，所以把它们做个比较，将从二者所触及到的意识深度、广度等方面，做一个初浅的介绍。

一、何为存想

存想这个词来自道家气功修炼的术语，《酉阳杂俎校笺》中说"存谓存我之神，想谓想我之身"，如果用心理学的词语表达，可以说是深度想象。但想象这个词和存想又有所不同，而且这个不同很关键，是思维形式的不同，而不是思维内容的不同。我解释一下什么叫作思维形式的不同，什么叫作思维内容的不同，两种不同的差别是什么。

举个简单的例子，比如说各位现在想一下自己的母亲，脑海里会出一个相对模糊的母亲的影像，这就是心理学所说的想象，也就是你回忆你母亲的表象。这并不是存想，存想是什么呢？如果今晚各位做梦的时候梦到母亲，那种清晰程度的影象就叫做存想。而梦境中母亲的影像并不是表象，而是物象，即它直接是启动视觉本身，而不是视觉影像的回忆。想象你母亲和梦到你母亲，这两个意识内容是一样的，但表现形式不一样，所以说它们不是思维内容的差别，而是思维形式的差别。

表象的清晰程度远远逊于物象，也就是它们涉及的意识深度不同，思维凭借的媒介不同，而不同的思维媒介是形成不同思维形式的划分依据。表象和物象是两种不同的思维形式，前者是形象思维，后者是具象思维。表象是形象思维的媒介，物象是具象思维的媒介。存想就是运用物象的想象，而心理学中的想象，是运用表象的想象。

记得有位同学曾经在课堂上问过我：道家的存想和佛家的观想，有什么不一样吗？我想了一下回答说，存想好像是你存了钱，观想好像是你看到了钱。存想有一种储存的意义在里面，观想只是看见了的意思。虽然看到钱的清晰程度和存储的钱一样，但是仍然说明佛家的思维方式，看问题的角度，和道家还是有一些差别。

请大家注意，不要试图从传统文化里面和现代心理学里面找到完全对等的概念。而如果学得深了以后，就会觉得去品味这些基本概念的细微差别，实际上很有意思，而且关键就在细微之中。从细微里面往往会看到不同的思维形式和不同的视角在如何起作用，非常耐人寻味。

存想用的是具象思维方式。具象思维在一般的心理学教科书上没有。通常的心理学教科书把思维分成两种形式，一是形象思维，一是抽象思维。抽象思维就是运用语言符号的思维，而形象思维就是运用图形表象的思维。两种思维方式差别很大，遵循不同的发展逻辑。

简言之，语言在时间维度运行，必须出现一个词，再出现一个词，得一句话一句话说，所以语言的逻辑是在时间里展开的。但是图形表象是在空间里展开的，它的逻辑是图像的变形和拼接，和时间的关系就不大了。所以形象思维是空间变化的逻辑，而抽象思维是时间变化的逻辑。

例如，布置家居的时候用形象思维考虑，脑海里会出现一幅家里怎么摆的沙发、椅子和床的图像，这些图像是同时出现的，可以变换它们的位置，去调整安排居室的每个角落，它们不按时间顺序排列，而是按空间位置排列。但如果用语言描述它们的位置，则需要一件一件先后描述，不可能同时描述两三件。

所以形象思维和抽象思维在表达事物上有很大差别。抽象思维的媒介就是语言，或者说是概念，形象思维的就是表象。而具象思维所使用的媒介是物象。物象是什么呢？就是刚才说的栩栩如生的梦境意象，而之所以栩栩如生，是因为具象思维调动了感知觉本身，而不是对感知觉的映象。

所谓表象，其实就是对感知觉的回忆映像。直言之，具象思维是操作感知觉本身的思维形式，所以它有栩栩如生、身临其境的意象。表象与物象的差别，如同看照片与看实物的差别。形象思维与具象思维的差别，也好像看景点风景片和逛真实景点的差别。看风景片可以看见画面，但不引起真实具体的感觉，而逛景点有感官的触动，如看见颜色，闻见气味，听到声音，感觉到温度，后者才是栩栩如生的具象思维境界。所以具象思维比形象思维要深一层，是立体的。

再说的多一点，由于具象思维直接唤起了感官感觉，所以它是一个心身思维方式，不是单纯心理的思维方式。传统文化中的天人合一，就是心身合一思维方式的延伸。我们实验室做过相关的国家自然基金科研项目，实验设计是同一个思维主题，分别以抽象、形象、具象三种思维形式思考，同步记录这三种思维形式的脑电地形图，而后经统计处理，分析三者的异同。

其中有一个思维主题是这样的：我右手的食指有点肿胀。这句话默念，不出声的默念，脑海中会逐一蹦出这些词，这就是用抽象思维形式思考这个思维主题，同步记录脑电地形图。

　　用形象思维完成这个思维主题，就是想象食指肿胀的画面，好像看见自己右手的食指肿胀了，想象画面的时候，同步记录脑电地形图。

　　而做这个思维主题的具象思维形式，是让受试者感觉自己的食指正在肿胀，不看画面，不念词语，只是感觉食指正在肿胀，在有感觉的时候记录脑电地形图。

　　之后就发现，这三种思维形式的脑电地形图是不一样的，其中具象思维的脑电活动最强烈，而且同时伴有肌电活动，也就是手指的肌电也能测出来，但形象思维和抽象思维形式就没有肌电活动。

　　这就说明了两个问题，第一，能够确立抽象思维、形象思维和具象思维是三种不同的思维形式，它们各自是独立的。它们可以思考同样一个思维主题，但是用的思维形式，或者说用的思维媒介不同。抽象思维用语言，形象思维用表象，具象思维用物象。这三种思维形式考虑问题的角度不一样，反映同一事物的不同侧面。

　　第二，抽象思维和形象思维，是心理活动，它们只有脑电活动；而具象思维是心身活动，因为具象思维有脑电和肌电两种活动。这就说明具象思维是心身合一的思维方式，这个结果对中医、对气功修炼有非常重要的意义，也可以解释心理为什么可以直接作用与生理。

前面说了抽象思维在时间里运行，形象思维在空间里运行，具象思维在哪儿运行呢，在点上运行，就一个点，往深度走，不是往空间和时间里走。这就再次说明这三种思维形式，不但各有自己的使用媒介，各有自己的发展逻辑，而且发展的维度也不一样，所以是三种独立的思维形式。

这三种不同的思维形式，每个人都具有，但是在现代教育系统里，往往重视抽象思维能力，其次是形象思维能力，具象思维很少被人提及。但是在传统文化里，具象思维方式非常之重要，尤其在中医和气功修炼里面，它是带有特征性的思维方式。

下面举一个具象思维修炼的例子，帮助各位理解到底什么是存想，什么是具象思维。这个例子是一个密宗的修炼技巧，我把它稍微变了一下，以适用于教学。存想在密宗里叫观想，观想的修炼方式分成四个步骤，这四个步骤是程序性的，不管观想谁，观想一位菩萨或者一位上师，或者一个曼陀罗，都是一样的。即观想的对象可以不同，但观想的过程，基本上都一样。

举观想观世音菩萨为例，第一个步骤，叫做取相，就是说把像要取下来。怎么取呢？可以去买一张观世音菩萨的画像，找自己喜欢的请一张。修炼的时候挂在面前，找一个适当的距离和高度，大的画像，就离得远点，小的画像就离得近些。例如买一张大约两尺高一尺宽的画像，离一两米远吧。然后坐定了，看着这张画像。边看边记住观世音菩萨慈祥优雅的形象，尽可能记住。

什么叫取相呢？就是看那张画像，看片刻，闭上眼睛，在脑海里回忆一下，记住，再看片刻，再闭眼回忆、记忆，如此反复，直至看到睁眼闭眼一样清晰的程度。这时候就可以不看这张画像了，因为闭上眼睛就能看见观世音菩萨，而且与睁眼看画像的效果完全一样。这就是把相取下来了。这一步其实已经达到具象思维的深度，就是说取下来的是物象，不是表象。

画像的每个细节每种颜色都已经记住了，闭着眼睛和睁开眼睛看到的都一样，看到了这个程度，修炼的第一个步骤取相就完成了。

第二个步骤叫净相，就是把已经取到的形象清理干净。第一，把纸去掉，只留下观世音菩萨的形象。不要纸，当然也不要纸上的灰尘，纸上的斑斑点点什么的。把观世音菩萨的形象在脑海里加工成一个非常纯净、非常整洁、没有任何杂质的像，叫净相。这时已经对观世音菩萨的形象进行了加工，加工过程是具象思维操作，不是形象思维操作。

第三个步骤叫变相，就是要让净相有所变化发展。怎么操作呢？先练习把脑海中观世音菩萨的形象反复放大缩小，缩小放大，要操作到非常熟练，可以放到非常非常大，也可以缩到非常非常小。而且不管放到多大缩到多小，清晰程度并不改变，都仍然必须栩栩如生。净相已经是功夫，变相更是功夫。而且让形象能大能小只是第一种活动，而后在能大能小的基础上，还得让形象伸伸胳膊伸伸腿，让四肢能动。也就是说，让观世音菩萨的形象在脑海里面变成一个活生生的菩萨，即赋予她生命。怎么赋予？就是意识加工物象的操作，即具象思维过程。这也就是观想或者存想发生过程的心理学机制。修到这一步，观世音菩萨在脑海中已经不是一个画面，而是一个活生生的具体的菩萨了。

第四步也就是最后一步是用相，应用这个相。怎么用呢？可以与她对话。可以问她：今天晚上是不是上微课呀？她或许就会告诉你：对，今晚有微课。如此问各种问题，她也会回答各种问题。理论上修炼到这一步，观想就算成就了。观想的对象可以不同，例如还可以观想上师或其他，但修习的过程大体都一样。

通过以上简单的介绍，大体应该了解了气功的存想就是特定思维主题的具象思维运演。在传统文化里，这类修炼方式很多。比如说站桩地抱球动作也是存想。例如师傅说先站三年，这三年就抱着球站。抱什么球呢？开始想象抱个纸球，抱住了以后，想象抱木球，再抱住了以后，开始想象抱铁球。三年下来，当能感觉到抱一个铁球的时候，两臂就非常有力量了，这时候打出一拳去，与抱纸球时打出的拳力度完全不一样。这就是传统武术里锻炼力量的一种方法，完全用存想，也就是具象思维的训练方式。

类似的方法在古代应用很多，还记得《列子》中纪昌学箭的故事吗？古时候有个射箭非常好的人叫飞卫，纪昌想跟他学射箭。收徒之后，飞卫对纪昌说，先不用学射箭，先学着看靶子，反复看，什么时候能把很小的靶子看得跟车轮一样大了，再学射箭也来得及。纪昌就从练习不眨眼开始，再练习把小靶子看成大靶子，最后将靶子看得像车轮一样大。如此，他再射中靶心就很容易了。这个方式也是具象思维的训练方式。

现代许多体育锻炼里面也应用了类似训练方式。例如跳高训练，临比赛前几天为了积蓄体力，不能再实训了。这时候就可以想象跳高的过程，想象的时候，每一块实际跳高涉及的肌肉都在同步运动，只是运动幅度不大，这就是存想和具象思维训练，不过没有提到基础理论的高度来说罢了。

二、何为催眠

总的来说，我觉得催眠是指一种意识的变更状态，即意识的恍惚而专注的状态。英文就是trance状态。这种介于清醒与睡眠之间，朦胧不清而又专注的意识状态，就叫作催眠态，或者简称催眠。那么催眠术是什么呢？催眠术就是按照一定程序，引导被催眠者进入催眠态的方法、技术。

催眠术是谁提出来的呢？是苏格兰的一位外科医生布雷德在1841年提出来的，是他的发现。他怎么发现的呢？他一开始不相信催眠。有一次他去看催眠术治病的表演，原本是想去挑毛病，可是挑了半天没挑出破绽，就发现这玩意儿挺有意思，然后就开始研究。

他发现通过一定的导入过程，每个人都能进入催眠态，于是他就把导入催眠态的过程叫作催眠术。他用的什么方法导入呢？用的是最原始的方法，看水晶球，跟巫师看水晶球一样，所以看起来像是巫术。

催眠术这个词从布雷德提出到现在，1841到现在的2017，还不到200年。如果比历史的话，存想的历史可比它长多了，汉朝时候就有了，到现在是2000多年。事物发展历史的长短往往与事物涉及的深度广度有关，所以存想与催眠涉及的意识深度广度也就有差别，这是可以理解的。

提到催眠术就必须说一说暗示，因为催眠术往往就是使用暗示的技术。暗示是一个绕过意识状态，直接或者间接与潜意识交流的活动。这就涉及潜意识了，所以人们就认为催眠过程是直接或者间接地与潜意识的互动，是与潜意识打交道，且打交道的方法就是暗示，包括语言的和非语言的暗示，说话也行，手势也行，用道具也可以。催眠的过程，比如说常见的催眠表演，让手臂变硬或搭人桥，都是先让被催眠者放松，然后用非常柔和、低沉的语言，随着被催眠者的呼气，对他进行语言诱导。比如说感觉到两眼发沉，慢慢闭上眼睛，感觉手臂发热，慢慢变得僵直，还可以用姿势和动作配合，触摸被催眠者身体的相关肌肉，告诉他这些肌肉会慢慢地变硬，于是随着拍打，随着语言暗示，被催眠者整体的肌肉就可以变硬，人桥就搭成了。

在这个过程中，被催眠者进入了trance的状态，一个意识朦胧但是很集中专注的状态。在这样的状态中，被催眠者只能听到催眠师的语言暗示，其他的声音，他可以一概听不见，或者听而不闻。恍惚的专注状态可以屏蔽掉其它外界刺激。所以有一种解释，说在催眠状态中，被催眠者的意识范围变得很狭窄，而且意识和潜意识的界限被打破，所以催眠师可以直接调动被催眠者的潜意识进行工作，进行治疗或者实现表演。

利用催眠状态调动潜意识过程，有很多的时候是潜移默化的，未必是在意识朦胧状态。搭人桥或者让手臂变硬，基本上还是比较直接的暗示。但像埃里克森的临床催眠治疗技术，暗示是间接的。他往往以讲故事的方式，调动潜意识资源来工作。比如对一个没有信心的孩子，他会讲一个故事，内容是雄鹰展翅高飞，或者是老虎自由奔跑，豹子威猛跳跃，从精神情绪上调动孩子的潜意识，就改变了其潜意识的气质状态，从而增强孩子的信心。

不采取直接暗示，采取隐喻暗示的方式，是埃里克森临床催眠技术的突出特点。有一个很经典的例子，是埃里克森本人治疗一个精神病患者。这个精神病患者认为自己是上帝，埃里克森就对他说，那你一定会做木匠活啦。因为基督教徒通常都知道，耶稣基督的父亲和耶稣本人都是会做木工的。这个精神病患者既然认为自己是上帝，他的潜意识就应该知道自己是会做木匠的。这位精神病患者果然说可以。于是埃里克森就让其在休养治疗期间，帮助医院做了好多木工活，打了各种家具，而在做家具的过程中，患者的精神疾患就减轻了，慢慢地有所好转。

这就是埃里克森式的催眠治疗，没有导入 trance 状态的痕迹，而是用一种非常巧妙的方式来调动被治疗者的潜意识，是一个不同于催眠表演的催眠治疗过程。埃里克森也调动了潜意识，但他调动潜意识的过程是内在的。从效果看，被治疗者的潜意识活动还是集中、专注在了一件事情或一个对象上——做木工活。在这个意义上，他的意识范围已经变得狭窄了，也已经忽视了其他可以意识到的事物，故也是一定程度的、长时间的trance状态。

总之，催眠就是要调动被催眠者的潜意识活动，直接让潜意识做功以完成特定的任务。在这一点上，各种不同的催眠方式并无大差别。从思维形式上考虑，存想所引起的物象运演和催眠所调动的潜意识内容是同类性质的。因为催眠的潜意识活动也在物象水平上，而不是表象水平，否则让肌肉硬起来搭人桥是无法成功的。也就是说无论是催眠还是存想，引发的都是心身统一的意识活动，即都涉及了潜意识活动，都直接操纵了感觉。这正是存想与催眠得以进行比较的心理学依据。

三、存想与催眠之异同

刚才说到了存想与催眠都涉及了潜意识活动，表现为都用意识直接操作了感觉，这是二者的主要共同点。下面我们就存想和催眠来做几项比较，看看它们还有哪些异同。

首先我想说，存想是主动想象，由显意识直接导入潜意识。存想的导入是不是到了潜意识？我觉得到了，标志就是唤起了相应的感觉。当心理活动直接唤起到生理活动的时候，按照心理学的观点，就是进入了潜意识过程，因为这个过程是意识不到的。比如用催眠的方法让被催眠者的手臂变硬，就是通过语言暗示，直接唤起了他的生理反应，如果用仪器测量，被催眠者手臂的肌电肯定有变化。如果认为这种变化是潜意识做功，那么存想抱纸球到抱铁球的感觉变化，也就是潜意识做功，只是唤起的过程不同。

存想是主动唤起，催眠是被动唤起。催眠是通过trance状态唤起，而存想不经过trance状态，直接由清醒的思维操作状态唤起。其实埃里克森唤起潜意识的过程，就有些像存想，都是用显意识唤起潜意识，只不过存想是直接唤起，埃里克森是旁敲侧击的唤起。

存想的过程可以是从抽象思维到形象思维，再到具象思维的转换过程，在整个转换过程中，操作者或者说练功者本人的意识状态是清醒的，并不进入恍惚状态。这一点和催眠有很大差别。催眠往往是先进入恍惚状态，借助于恍惚状态中意识和潜意识的界限模糊不清，潜意识可以暴露浮现，催眠师即可以利用潜意识里面的资源去完成治疗任务。即催眠师在trance状态下，暗示潜意识层面的意识做功，在这个唤起的深度上，我觉得存想和催眠是一致的，只是唤起的方式不同。

当然，如果较真儿的话，在进入存想状态的时候，就专注深入的意义而言，也可以认为它是一种轻微的trance状态。比如说在进行图像加工的时候，把观世音菩萨的形象打理干净，放大缩小，然后再使之手舞足蹈的时候，存想是在一种非常专注认真的状态下进行的，听不见别的，也看不见别的，只有脑海里被加工的图像。这种状态如果被认为是一种trance状态，也是可以的。因此存想和催眠还是有很多类似之处，它们都到了潜意识的深度，也都有不同程度的trance状态。但催眠的trance状态要比存想深，存想的trance状态虽然比较浅，但存想是完全主动操作的，催眠则通常是被动操作的。

如果再较真儿，催眠是否可以主动进行呀？也行，可以自我催眠。所以存想和催眠确实有相同的地方。但总体说来，存想的主动色彩比较浓，始终是由意识把握。这是我说的第一个差别。

存想与催眠的第二个差别，就是存想的目的都是明示，而催眠的目的是暗示出来的。例如刚才说的观想观世音菩萨的四个步骤，以及最后要达到的目标，都直接告知的很清楚，最后要达到与菩萨对话，可以求教于菩萨，目的也始终都很明确。

再比如站桩抱球的目的，就是为了练力量，开始抱一个纸球，然后抱个木球，最后抱个铁球，然后就会变得有力量，这个目标一开始是很明确的，很自主的。但催眠的目的往往是暗示出来的，被催眠者不一定知道。比如埃里克森让那位认为自己是上帝的精神病患者当木匠去干活，在此过程中巧妙的缓解他的疾病，患者可不知道有这个目的，他只是知道自己是应该会干木匠活儿，而且真干了，还干得不错。

存想与催眠的第三个差别，就是二者的理论解释不同。其实，具象思维理论可以解释存想，也可以解释催眠。但现在的催眠教科书里，没有用这个理论解释过。我觉得从意识转换状态的机制来解释催眠，其实也是一个通过抽象思维，形象思维，唤起具象思维的过程，与存想并无二致。比如用小鸟，或者雄鹰展翅，或者老虎咆哮的那些雄壮有力的形象说故事，唤起来访者内心自己的力量，仍然是一个从形象思维和抽象思维的解说，引发具象思维操作的过程。只不过这个过程是由催眠师指导来访者完成。来访者不知道催眠师唤起了他的具象思维过程。用具象思维理论解释催眠过程的意识转换机制，刚好恰如其分。

为什么传统的文化能够总结出具象思维形式，而现代心理学就没有这个思维形式呢？这就要归结于东西方认知方式、思维方式的差别了。气功的存想至少有两千年的历史，存想这一术语最早出自东汉王充的《论衡》。催眠术要往前追溯到它的前身，可以追到十八世纪，就是麦斯麦术。刚才说到的布雷德术，即正式命名的催眠术，是1841年。即使从麦斯麦术算起，到现在也就是三四百年的历史。这要与两千多年相比，还是要差很多。两者的发现过程也不一样。

传统的修炼技术从来都是以自己为主，不假外力，道家说"我命在我不在天"，天人合一，我就是主人。佛道可以通过修炼自己成就升天，用心理学的话来说，是自身人格成长的过程。但天主教基督教就不一样，是由神来判定个体是否进入天堂。这似乎就是存想主动、催眠被动的深刻内在原因。

由于自力他力的区别，在认识个体的创造性思维意识如何形成的问题上，东西方也有差别。记得有一次在南京开会，一位荣格心理学派的掌门人说，人的想象力和创造力到底是从何而来？思想启蒙之前的西方人认为是来自于上帝，不是人本身具有的，人只是借用了一下。

西方的思想启蒙运动之初是启蒙什么呢？就是把思想的想象、创造能力，或者用心理学的术语，即形象、具象思维能力，从上帝那儿归位到人这儿来，这一过程经过了好几百年的挣扎才完成。所以最开始启蒙的人权，是与神权相对的，是将属于上帝的思维活动创造权归还于人本身。但是中国传统文化没有这个阶段，没有认为是上帝主宰什么。封建社会是人压迫人，并不是神压迫人，所以不需要从神那里解脱的启蒙。

由于东西方的思维方式从根本来源上就不太一样，影响到了两种文化的各个环节。这可能也是具象思维形式和理论出自东方的深层原因。其实所谓文明的冲突，根本上是思维方式的冲突。由于认知世界的方式和方法不同，得出的结论就不一样，相信的东西也不一样，这就造成了文明的冲突。现在的二十一世纪物质文明发展到了一定程度，文明的冲突慢慢地会比以前明显。思维方式的冲突往往很难分出是非长短，不能从自己的角度说人家想的就不对，且不同的想法里面是不是有一个绝对的对，也很难说。

所以文明的冲突比较复杂，很多事情从外表看貌似简单，但真的深入进去，看到文化，看到方法论，看到认识方式的差别时，就会发现虽然在同一个世界，但是认识这一个世界的方式方法有很大差别。不管学什么，要看到其形成的基本思维方式之后才可能更深入。

下边再说几句存想与催眠怎么用于心理治疗。比如说催眠，临床上有时碰到的来访者不太容易被催眠，那就干脆直接让他做观想，有可能成功。

存想与催眠两者，都能触及潜意识。暗示性很好的人，用催眠术就行，如果是个性很强的人，觉得催眠麻烦，用观想就行，二者所达到的目的，可以异曲同工。

下次要介绍的移空技术的操作过程，就有一些催眠术的影子，但它的整个过程，是一个存想的具象思维操作。总之临床上两者都可用，灵活把握即可。解决同一个问题，可以用传统的方式，也可以用现代的方式，要看适合怎样的来访者。

技术是可以活用的，而且也可以灵活的解释。例如讲移空技术，给心理学背景的人讲，我可能说它是一个简易的催眠过程；要是给气功人士讲，我就说这就是咱们练功的存想。实际上我讲的是同一件事情，只不过用不同的语言，讲给不同文化背景的听众，核心内容完全一样。在我看来，这也是思维形式和认知方式的差别。

存想和催眠技术在心理治疗过程中很有用，不管是做什么治疗，就哪怕是行为、家庭或人本，如果在某种程度上把这个来访者带入了专注的trance状态，就都有催眠的影子，也可以认为都有存想的影子。在咨询过程中，如果有这个因素介入，比较容易获得成功。我甚至认为，轻微的trance状态，或者轻微的存想状态，是治疗关系中的一个重要的有效因素。它是罗杰斯所说的那些因素之外的治疗关系因素。

四、问答

1. 我看到一句表扬的话，说老师讲的好，说理解了气功练习、密宗修习、meditation的核心技术了。

这个我要补充一下。存想只是气功修炼中的一个技术。气功修炼有很多技术，核心技术不仅仅是存想。气功修炼至少有三大块技术：调心的、调息的、调身的。存想是调心的技术之一。入静是一个调心技术，它和存想就完全不一样，意守是另一个，和存想也不同。存想的确用得很多，但是存想还是属于有相的修习，不是无相的，修的还是有，不是无。所以它是一个初中级的修炼技术，还有更高级的修炼技术。不要挂一漏万、以偏概全哦。

2. 东西方文化冲突有根本的解决之道吗？

这个问题挺有意思，但是很难回答。为什么难回答呢？我先要反问，这个问题需要解决吗？其实，可能需要的不是解决冲突，而是解决共同相处的问题。或者我换一个类似的问题来问：男人和女人的冲突有根本的解决之道吗？是需要解决的问题吗？再举个类似的例子。有一次我到瑞士去开会，被问及中医和西医结合的前景如何？这个问题与现在的问题意思相近，只不过换了一种问法：把问二者的冲突换成了问二者的结合。我回答说中西医结合的问题在中国也经常被问及，我不能确切地回答这个问题，但可以讲一下对这个问题的思考。我在读大学（北京中医药大学的前身北京中医学院）的时候，一直当学习委员，在毕业的最后一年，我召集了一个讨论会，讨论的问题就是中医和西医的发展前景，讨论这两者到底会如何发展？会上大家发言热烈，但归纳起来，不外四种前途：一个是中医把西医吃掉，一个是西医把中医吃掉，一个是两者结合起来成一个新医学，再一个就是二者永远互相平行发展，大路朝天，各走半边。二者排列组合只有这四种可能，到底哪种对呢？当时大家几乎都一致认为是第三种，中西医合并成为新医学。因为二者的研究对象是同一个，目的也相同，似乎没有理由不合并起来。在瑞士开会是2002年，正好是我1982年毕业前夕那个讨论会后的20年。于是我在瑞士的会上说，20年后的今天，我认为可能只有第四种，就是中西医将平行发展，各走各路，它们结合不了。

听众继续发问：为什么中西医结合不了？从科学角度我回答不出来，但我可以做个比喻来说明，就是男人和女人，他们可以结合，但是之后生出来的孩子，还是男孩和女孩，而并不是一个新人类。我说完这几句，台下鸦雀无声片刻，然后是热烈的掌声。我觉得这个比喻也适用于东西方文化冲突的解决。我觉得东西方的文化冲突可能不是一个谁对谁错，谁高谁低的问题，而是如何更全面地看问题和包容问题的问题。其实冲突和共处是一回事，冲突就是共处的冲突，共处就是冲突的共处，这就是问题发生与解决的全过程。

🐎 3. 存想有目的吗？目的一般有什么？

存想都有主动目的和目标，这和催眠不太一样。催眠有时候不是自己设定目标，存想都是自己设定目标。比如学射箭、学抱球，目标都很具体。如果是医学气功的存想，目标就是治病，是把某个症状消除。故存想可以用于体育锻炼，可以用于养生，可以用于治疗，基本上就是这些目的。当然也可以用于工作中，比如学打字、学开车或者学别的。存想完全是可以活学活用的技术，自己可以设定存想的目标。

4. 最近这两天打坐会有接近睡着了的状态出现，身体像打瞌睡时似的会有轻微的晃动，好像比较解乏，而且描述不出来太具体的状态，好像四周有景象在动，又好像自己处在比较深的地方，说不清。但是打完坐特别像睡了一觉起来的感觉。就想知道这正常吗？

这是初学者较常见的一种现象，不算好，也不算异常。但要说明，练功打坐的时候，接近睡着了，境界不对，说明觉没睡够。我上次说过，要是没睡够就先睡觉，要是打着瞌睡练功，其实练不了，等于是进入了半睡眠状态。练功从理论上来说，真正入静的时候，头脑是比平时的清醒更清醒的状态，而不是迷糊状态。更为清醒，但是没念头，这才是正确的状态。迷糊就是昏沉，是不对的，但是初学者常见。晃动如果不在昏沉的状态下是对的。我几年前到佛祖诞生地蓝毗尼参观，看见一位僧人坐在那里，守卫告诉我说，他已经坐了三天了。那附近就是释迦牟尼大脚印,三天来他就一直在那个脚印旁边打坐。我就想去看看他到底动不动。坐了三天应该一动不动吧?其实不是。我走近看,他实际是非常缓慢而有节奏地晃动着。这是对的,说明他在深深的定境里面,而并不是枯坐。但是昏睡时的晃动不大对,是身体支撑不住的塌陷,要小心跌下来。另外,如果打坐完了特别像睡了一觉起来的感觉,估计就是睡着了,而且还觉得看到了什么东西,可能就是做了一个小梦。当然也有可能是迷迷糊糊的恍惚状态,催眠态。所以这不是一个完好的练功状态,但也并不是什么错误。

🦌 **5. 练气功者自己能感觉到气,周围的人可以感觉得到他的气吗?**

这是一个有意义的问题。气功修炼和体育锻炼有哪儿不同?我觉得可以这么说,练气功得有气感才行,如果没有气感,很难练成。至于自己的气感别人能不能觉察,是另外一回事,有的人可以觉察别人的气感,大部分人觉察不了。但气感是怎么回事?这需要解释很长时间,这里就不跑题了。可以说一点,气感不是心理暗示的幻觉,是具体的感觉。练气功必须要有气感,为什么气功不叫别的叫气功,有气感是一个重要因素。气功这个词用得准确,要改成别的词,无助于理解练气功的特征。可以说练气功有了气感才算入门，然后再谈其他技巧。但是体育锻炼、心理治疗都不需要气感。

6. 请老师讲讲佛教徒在梦中只会看到观音而基督教徒只会看到耶稣、圣母的根源？

这其实是暗示的结果。佛教徒处于佛教文化里，接触的主要是佛教的事物，例如看到过许多唐卡，庙里的许多塑像，听到过许多佛教的传说。于是，佛陀如何庄严，观音怎么慈祥，这些见闻潜移默化地进入了潜意识，成了潜意识的组成部分。然后做梦的时候，就有可能会显现出来，于是就被看到了。

如果在基督教的文化背景里，手捧圣经，出入教堂，看到圣母玛利亚的像，看到耶稣受洗的油画，等等，潜意识里也是这些事物，做梦做出来的当然也就是这些。所以梦境和平常所受的暗示，和知识结构有非常密切的关系，也就是和文化土壤有关。

归根结底，梦境里能看到的事物，都不是凭空来的，一定在文化土壤中能够找到根源。因此在佛道的文化背景里，看到的当然就是佛道的事物，反之也是一样。

人类不太可能想象出完全没有见过的事物。想象出来的东西再离奇，也一定是有现实依据的。比如说想象个四不像的动物，就是脸像马、角像鹿、颈像骆驼、尾像驴，都还是有现实动物的影子。又如孙悟空有猴子的影子，变形金刚有汽车的影子，完全没有影子的事，人想不出来。凡是能想象的事物，一定有现实生活依据。

🦌 7. 随时醒来都在做梦，感觉就没有不做梦的睡眠，是大脑活动太频繁，还是自我催眠？

这可能是一种错觉。大脑在睡眠过程中活动是有周期节律的，快动眼睡眠和慢动眼睡眠交替出现。梦境都发生在快动眼睡眠期间，一夜的睡眠，可能有三四个周期节律，所以不可能整夜都做梦。做梦的时候，时间观念也是很不准确的，感觉做了很长时间的梦，实际上可能只有几分钟。例如卢生在他的黄粱美梦中享受了一生的荣华富贵，但醒来时，小米饭还没蒸熟，根本就没过多长时间。

整夜做梦是不可能的，人的睡眠过程按照周期进行，由深到浅，由浅到深，一个波浪一个波浪的。如果在做梦的时候醒来，感觉就是在做梦，如果在没有梦的时候醒来，感觉就是无梦的睡眠。有人做过实验，在快动眼的时候或在深睡眠时候被唤醒，感觉也很不相同。在做梦时被唤醒，会觉得很烦躁。如果真对睡眠问题感兴趣，可以去做一个睡眠脑电监测，就知道夜里睡眠怎么样了，而且也能看出来，什么时候确实在做梦，什么时候其实没做梦。

8. 老师怎么认为催眠中"前世回溯"中的每一世，是真的前世吗？还是心理学中的概念投射呢？

这个问题实际上说不太清楚，因为认为是真的或者不是，都没办法确切证明。估计你看到的是美国耶鲁大学医学博士、迈阿密大学精神药物研究部主任布莱恩写的畅销书《前世今生》或者《生命轮回》吧？他写了他做的几个病例，在催眠过程中，确实追溯到了前世，他也做了一些查证。他就这个题目写了四本书，《前世今生》最为著名。人到底有没有前世，现代科学基本持否定态度，但是催眠确实有此一说。我们现在对催眠、对潜意识解释的都是常规性的，在这个意义上，可以认为催眠中的前世是现代生活的一种投射，其中有些内容投射能解释，也有些投射解释不了。

9. 练气功的人身体能发出光吗？

正常人体周围都有声光电磁场。这个问题问得实际是练功人发光的强度能不能足以刺激到肉眼。从光学来说，人能看见的光，可见光，波长是有限定的，大概是从380到780纳米之间。物体发出的光在这个范围内，肉眼就能看见。但也与个人的视力有关，或许1.5的眼睛或1.0的眼睛能看见的光，

0.5 就可能看不见。每个人都有微弱的发光，这个没问题，但一般不在可见光的范围之内。

练功的人能不能发出可见光，不大好说。有的人可能能，练功以后，他周围的声光电磁场有了变化，达到了可见光水平，就可以被看见。有没有看见过的呢？有人说见过。有没有测量过的呢？尚未见过有关测量的报道。从理论上说有可能，因为练功会影响人体周围原有的声光电磁场发生变化，这种变化超出一定范围，就可能被检测到，而练功前后的这类检测已经有人做过。但做可见光的检测尚未有所闻。所以我觉得练功的某些个体有可能可以，目前只能说到这个程度。

10. 神其实是人造出来的？

这是一种观点：神是人造的，是人的想象。我觉得如果从东西方宗教的比较而言，东方的佛教和道教，其实不包含神学意义上的神，这两家的修炼其实是心理学的人格成长，可以分三个阶段：第一阶段是生物性的，生物学的部分，第二阶段是社会学的部分，第三阶段超出生物学和社会学的部分，达到天人合一的宇宙学的部分。如果这三个阶段的人格发展都是完善的，那就是一个完整的人格。所以传统文化里的人格发展包含这三者，有入世的部分，有出世的部分，也就是到达宇宙的部分。而这第三部分就内容而言，相当于西方文化里的神学部分，但是传统文化里面，不以神学角度出现，认为只是人格成长到那个程度而已。

佛家道家不认为有开天辟地造地球的神，但西方宗教是那么认为的。所以我觉得，从心理学角度来看，西方人格的发展，比东方少一块，没有第三阶段。现代心理学的自我实现基本上是人格发展的生物学和社会学部分，再往超越的宇宙学那部分，就属于宗教了，虚构了一个神在那里，解决了所有的问题。

所以，人格的超越部分在西方是由一个人格化的神替代的，而在东方传统文化中，入世与出世、未超越与超越，是连接在一起的。所以我觉得佛道的观念更人性化，在这个意义上也要更高明一些。也可以说，东方文化人神是一体的，而西方文化人神是分离的。佛道文化里出世和入世是连接的，人可以出，也可以入，但在西方文化中，人就是人，神就是神，人不能成为神，于是人神分离，成为不同的事物。

在我看来，传统文化在人神关系上要更完整一些，更连续一些，也更合理一些。在这个意义上，可以认为西方文化的神，是人想象出来的。当然，西方可能不是这么认为哦，人家不是这种世界观。这就是文化的冲突，或者最根本的，回到根上，我觉得还是认识事物方式的差别。

🐎 **11. 请问老师女士打坐需要注意点什么？譬如经期的关注点应该放在哪里等等。**

女士打坐的意守部位，在生理期的时候，不要在脐以下。这个话这么说虽然不错，但还是得经过系统的学习。比如说往上守也可能把月经守没了，这也不行，斩赤龙就是守膻中嘛。所以理论上说经期不能往下守，但是往上守也不是绝对安全。修炼的时候，确实要考虑一些因素，性别就是其中之一。女士们修炼需要去专门学一下女丹经，也可以找一个尼姑或道姑问一下。问我其实没用的。

🐎 **12. 请问老师，具象思维是身心的活动，它可以调动感觉和感官。是不是可以这样想：当我们主动具象思维的时候，我们的意识在深入到比较深的地方，就像潜意识一样深的地方，可以调动身体的细胞里面的各种感觉的记忆，让身体的细胞配合回到自己的意识指定的那个记忆状态，也就是自己的意识变得可以真正地支配身体。这是不是就是说，充分掌握了具象思维，就可以让自己的感受真正变化、也可以调节情绪。那么佛家为什么还要停止具象思维才可以到空的境界呢？先发展具象思维控制意识念头？再丢掉具象思维这个工具吗？存想和正念中的冥想有什么区别吗？**

这个问题有点长。说具象思维是身心的活动，充分掌握具象思维以后，可以感觉到真正变化，可以调节情绪，这没问题。但是你问，佛家为什么还要停止具象思维才可以到空的境界呢？先发展具象思维控制意识念头？再丢掉具象思维这个工具吗？这里有一个意识深度的差别，空境比具象思维要更深一些。具象思维还是有，修的是有，空境则是无，修的是无。这两者还是有非常根本的差别，修炼技术也不一样。

　　如果还用思维形式解释，具象思维之后还有无象思维。其实直接修无也行，不是一定要经过有，但通常需要经过有再到无。因为通常的意识状态都是有，首先希望能够驾驭有。比如说四禅八定，可以认为四禅还是修有，在有的范围内，而四空定就是无的范围了。

　　当然这个划分未必准确，只是比较而言。从有慢慢到无，道路可能会比较顺。一下走到无行不行？行啊，禅宗就是。要是有跨越的本事，一步蹦过去就行，没跨越的本事就学神秀，一步步走。不是说必须要怎样走才行，但是通常从有到无稍微容易一些。也就是要先学会驾驭自己的念头，才容易把它放下。如果根本驾驭不了，怎么放下呀？所以从这个逻辑来说，通常就是慢慢学。但是也有人悟性很好，一步能到无，那也行。再就是说，一定得到无才行，修完有，还不算完。

即使观想上师也一样，修完了有，就像刚才我说的，并不能保证那个有一定是真的。但无是真的，这两个差别还很大，这里几句话说不清楚。总之，无比有的层次高。然而最后无还得回到有，坛经里开悟的两个层次，就是从"本来无一物"到"何其自性，能生万法"，从缘起性空到性空缘起，从有修到无，再从无回到有，之后来去自如。

所以修炼总的来说，我认为比心理学要复杂深刻的多，它们不是一回事。完全用心理学的方法学修炼不行，这个学习方法问题，最后一讲我再谈。

"存想和正念中的冥想有什么区别吗？"这个问题中的两个概念有点不是太沾边。存想是一种修炼技术，我已经讲过了。冥想就目前来说，是一个操作含义不甚清晰的词。怎么冥想？冥想里有没有内容？有没有念头？冥想的说法比较笼统，meditation就是冥想，可以说就是闭着眼睛想，但想什么？怎么想？想多深？都没说。但存想是说清楚了的，是想象具体的物象。

冥想这个词现在有点像杂烩，什么都往里搁，好像什么都是meditation。入静是meditation，存想是meditation，意守也是meditation。所以人家跟我说冥想的时候，我就得反问：你说的冥想是什么意思？有什么样的操作内容？然后我才能知道他说的到底是存想还是意守，还是入静，还是念咒或其他。

正念中的冥想，是关注当下的具体感觉，没有想象的含义，所以与存想无关。正念的冥想是有内容的，冥想也可以没有内容，也就是冥想无。所以闭着眼睛没睡着，想和不想都可以叫作冥想。故只说冥想，我就不知道你在阅什么。

🦌 13. 如果不能到达催眠状态，就可以用存想来做，对吗？

我说的不完全是这个意思。我只是说，存想和催眠都可以用，但是要分人。有些人比较适用于催眠，愿意被动接受，用催眠就比较好。有些人主动操作能力强，用存想就可以调用潜意识。先把目的弄清楚，然后看看来访者的人格特征，再确定用哪种方式。并不是说达不到催眠就用存想，不一定。达不到存想，就用催眠吗？也未必。存想和催眠都不是治疗目的，而是手段。它们都需要具体内容。催眠并不是仅仅让来访者进入trance状态就完了，而是在trance状态中开始与潜意识工作。存想的物象内容也是有明确目的的，先把治疗目的想清楚才行。

🦌 14. 请问可以运用存想来自我治病吗？

可以啊，没有问题。比如说你现在发烧了，存想什么呢，存想脑门上有块冰就行。当你真正能够感觉到脑门上有放块冰的感觉，冰镇脑门，你烧就退了。你存想的水平如果很高的话，存想脑门有一块冰和真正在那里放一块冰，效果是一样的。所以肯定可以退烧，止疼也一样。如果你存想能力足够强，就可以用这个方法去止疼，把疼想没了就可以了。有一次我在德国教学，有人肝区疼，他说：老师，你能不能用气功修炼的方法帮我把这疼止住？我说可以试试。他说怎么做呀？我说你存想一下，你的肝被拿掉了，没有肝，你试试。然后他就很认真地做，德国人做事非常认真。过了一会儿他说：老师，我的肝没了，现在我就觉得肝没了。我说：还疼吗？他说：诶，不疼了。我说对呀，你肝没了，没地方疼了呀。这就是存想止疼的一个简单例子。

15. 练功对于那些慢性病或比较严重的病呢？比如癌症，能有效吗？

　　那要看练功的时间，如果练得正确，有足够的毅力，还有足够强的存想能力，大部分慢性病，甚至包括一些癌症，我觉得都是可以起效的，有案例。

16. 舍去具象思维之后，还是有意识的，只不过是空的意识，能生万法的意识，对吗？

　　这就很难说对或不对了。空的意识，如果较点真儿的话，

那个空，能生万法的空，是不是意识就不好说了。只能说在某种意义上，它是一种存在，至于是不是意识就无法讨论了。因为，如果认为它是意识，那它还不是空。不知道能不能理解哈。

第八讲
移空技术与保险箱技术

　　保险箱技术是静态的稳定技术，移空技术是动态的干预技术。移空技术不复杂，但需要实践经验。尤其做到空的时候，如果治疗师自己没有达到过空，引导来访者达到空就会有难度。

移空技术是我在2008年提出来的本土化心理治疗技术，然后一直在实践和改进。现在它的第一部分已经比较成熟，也已经比较标准化，在逐步推广应用。下面我先谈一谈保险箱技术，因为提出移空技术的最初动因，就是想改进保险箱技术。

一、保险箱技术

　　我在中德班一期行为与催眠组学习情绪稳定技术的时候，其中之一就是保险箱技术。保险箱技术是怎么回事呢？它先让来访者想象一个保险箱，一个足以让来访者放心的、保密作用很好的保险箱。可以让他具体描述一下，比如说保险箱有多高，有多宽，什么颜色，什么材质，等等。然后就让来访者把所有的烦恼装进去。不管什么东西，只要是引起负面情绪的东西，都可以一股脑装进去。装进去之后就把保险箱锁起来。这就等于把来访者所有的烦恼、所有的负性情绪都锁闭了。理论上说，它们已经不在来访者的脑海里了，因此来访者的情绪就会稳定下来，也比较放松。告诉来访者这个装了烦恼的保险箱不要带回家。

处理这个保险箱常用的方式有几种：一个是把它放在遥远的地方，比如山里、海里。还有就是把它放到汽车的后备箱里。处理的要点就是远离些，别往家里拿。

比如说你是心理咨询医生，每天接触很多来访者，很多病人，他们给你倾诉的都是一些不愉快的事情，然后你脑子里也会有一大堆这样的事情。这些令人不愉快的事情也不会使你快乐，久而久之，甚至会使你不再快乐。

怎么避免这种情况呢？就可以使用保险箱技术。如果你开车上下班，每天下班回家之前，先想象一下你有个保险箱，然后把所有这些负性情绪都装到保险箱里面，再把保险箱放进汽车的后备厢，锁上后备厢，然后再开车回家。由于已经把所有的负性情绪和那些不愉快的心情，全都锁在汽车后备箱的保险箱里了，进家门的时候，你应该焕然一新，没有消极情绪。这就是保险箱技术。

还有个情绪稳定技术和保险箱技术很相近，就是安全岛技术，也是在中德班学到的。安全岛技术和保险箱技术作用类似，但比保险箱技术的规模大。这个技术是怎么回事呢？如果来访者感到害怕，恐惧，不舒服，哪儿都不舒服，怎么办呢？那好，就请来访者安静地坐下来，然后让他展开想象，想象一个他待着能感觉非常舒服的地方，比如说可以是一个小岛。当然也可以是别的地方，不是岛也行。但是安全岛技术是以岛命名的，就让来访者设想一个小岛，怎么舒服就怎么设想。

觉得要住什么房子，岛上就有这样一座房子；觉得应该种什么树，就种上什么树；觉得应该有阳光，就有阳光；觉得应该有沙滩，就有沙滩。总之就是按照来访者自己最舒服的方式，想象一个小岛，在那儿待着。

但是岛上也有一些禁忌，就是只能来访者一个人待在那里，不能有别人。因为如果有别人的话，会影响来访者自己人格的成长。安全岛是来访者独自的安全岛。当碰到不愉快的事情时，他就可以到这个岛上去待着。闭上眼睛想一下，就到了那个岛上，等到舒服了再出来。然后，可以在感到舒适的时候，再处理自己的问题。

保险箱技术中保险箱里的问题，可以不处理就搁那儿，把它锁住。所以叫它稳定技术。然后在心情愉快的时候，觉得有精力处理这些事情的时候，也可以从保险箱里拿出来一些东西，一个一个处理，处理不了，就锁着。

安全岛技术是主体躲开，躲到安全岛上待着，保险箱技术是把客体扔一边，其实都是分离主客、分离自我和烦恼的技术。分离就是稳定技术的核心，是稳定来访者不安情绪的技术。这两个技术给我印象很深，但是我又觉得它们的干预力度不是很大。后来我就想，怎么能改变一下，加上更多的操作内容，就想到了现在移空技术的雏形。

二、移空技术

2008年的时候，我第一次提出移空技术时叫作移箱技术，还是用保险箱，但我要把保险箱移动起来。移动和不移动，把静态的保险箱变成动态的，这就有了很大的差别。我不再是把保险箱静止地放在那里，而是让它动起来。动的意义很大。把保险箱放在那里，就没有对它进行处理，但让保险箱移动起来，它就被处理了，所以从不动到动，是一种质变。然后边使用边摸索，采用传统气功修炼的一些技术深化其理论与实践，逐渐从保险箱技术脱胎出来，演变成了现在的移空技术。最开始移动的是保险箱，后来把保险箱改成了容器，任何容器都可以；再后来把容器也去掉了，称为承载物，不是容器也可以，任何起承受作用的物体都行。现在除非来访者自己提出的承载物是保险箱，否则不会使用。另外，移动的距离也从有限延伸到了无限。这个发展变化过程大概有几年。

2011年，移空技术作为气功治疗的子课题，进入了由湖南张亚林教授主持的科技部国家支撑计划课题《十种心理咨询与心理治疗技术的示范与规范研究》，结题之后，移空技术发表推出，成为一种规范的，包含有10个操作步骤的本土化心理治疗技术。移空技术目前还在发展深化，已经发表的10个操作步骤是移空技术的第一部分，第二部分涉及移空之后的处理，成熟之后再推出。

下面介绍移空技术的操作步骤。5个是静态的操作，5个是动态的操作，加起来一共10个步骤。在这10个步骤里，第1个和第6个，第5个和第10个，是重合的，完全一样。所以10个步骤实际只有8个，很简单。临床做一遍移空技术，如果顺利的话，从头做到结束大概四五十分钟，恰恰是一个单元心理治疗的时长。所以，可以在一次心理治疗中完成一次移空技术的操作。

但我并不主张第一次治疗就做移空技术，还是要先建立治疗关系，了解来访者的问题，而且要向来访者讲清楚将要对他做什么，简要介绍一下移空技术的操作过程。当然这个介绍要根据来访者的文化程度，以他能接受的语言和方式来说，不要念材料，不要照本宣科。

移空技术的第1个操作步骤是三调放松。三调放松是标准的气功修炼起式。为什么叫三调放松呢？这个放松和一般心理学上的放松不太一样，是身心息共同放松，也就是调身、调息、调心三调合一的放松，而不仅仅是身体的放松。如果仅仅是身体放松，那就是北京瘫、葛优躺那个样子，就像是一只烂袜子扔在沙发上那样，没形了。那种放松是懈怠的放松，而三调放松是松而不懈的放松。由于松而不懈，操作上就会有一些要求。三调放松有三项要求。

第一是对身体姿势的要求，要正襟危坐。要放松，但姿势得摆正。需要正坐在椅子或者凳子上，而且只坐椅子或凳子的前三分之一或四分之一，坐着一点儿就行。椅子的高度应该恰恰是小腿的高度，就是说坐着的时候，大小腿之间是90度直角。然后腰要直起来，不能塌腰，也不能后靠。双手轻轻地放在大腿上，如果手臂很长，就放在膝盖上，掌心不能向上，要向下，盖在大腿上。再就是含胸拔背，不能挺胸。做法是坐直了之后稍稍收一下下巴，下巴一收胸就挺不起来了，但背还是直的，这就够了。不需要弯腰，也不能驼背。含胸就是下巴一收，胸挺不起来了，不是说胸要塌下来。头要正，不能偏在一边。在这个基础上，轻轻地闭上眼睛，端正地坐着。

别小看这个姿势，它对人的心理影响很大。坐的姿势直接影响情绪，直起腰来很重要。大家有的时候可能不太重视坐姿，其实坐的方式，对人的心理有非常直接的影响。举个例子，比如说到日本去，日本人时常都是跪坐，坐在榻榻米上，不用凳子，跪坐。但是中国的佛家道家，也不坐凳子，却大都是盘坐。盘坐和跪坐都是坐着，但是这两种坐姿对人的心理影响完全不同。跪坐的时候就会觉得自己的位置比较低，心情也比较谦卑，但是如果盘坐，就觉得自己是大爷，有点傲气了。那么正襟危坐、三调放松地坐，气就比较顺，心态也比较平和。所以移空技术要求正襟危坐，但要坐得放松。这是调身问题。

第二是对呼吸的要求，也就是调息。还是自然呼吸，但是要求只注意呼气，不注意吸气，只是关注把气慢慢的呼出来，而不要去管吸气。另外就是保持呼吸平缓，不能气喘吁吁。由于吸气兴奋交感，呼气兴奋副交感，所以关注呼气有助于让心态平稳。

第三是调心，也就是调整意念活动。就是告诉来访者在呼气的同时，把头脑中的各种念头，随呼气一块儿呼出体外，让意识处于放松状态。如此身心息三者并调，就是三调合一的放松，即身体放松，呼吸放松，意念也放松。让整个身心都变得安定泰然。且由于坐得直，心身的定力都比较好，增强了来访者内在的力量，他的烦恼自然就少了。

有些来访者三调放松做了几分钟之后，情绪就已经好多了，其实移空技术还没做呢。这个坐姿本身，就有心理调节作用。这一步三调放松要做三分钟左右。我通常不计时间，只对来访者说：你按要求做，感觉到完全放松下来，坐定了，就睁开眼睛。大部分人也就是做三五分钟。

这个三调放松技术，我觉得在任何心理治疗里都可以使用。甭管准备使用什么疗法，来访者进了诊室先做三调放松，对治疗师和来访者都有莫大的好处。来访者心情安定了，不会太情绪化，治疗师也有机会观察和共情。而且这个技术可以在心理治疗过程中随时采用，不是说只可以用一次，移空技术里就用了两次。其实在治疗期间，发现来访者心慌意乱时，治疗师都可以说，再做一次三调放松，等他心态安定了再继续。我有一次在移空技术中用了4次三调放松。另外，移空技术的10个操作步骤都不是死的，都可以灵活应用。每个步骤的顺序也可以调整，但这10个步骤，理论上说不能或缺。

放松之后，来访者心里比较安定了，可以开始第二个步骤。第二个步骤是确定靶症状，也就是治疗目标。可以问来访者：你到我这儿来想解决什么问题？移空技术最善于解决的是情绪问题，就是处理消极情绪，也包括相应的躯体症状。负性的情绪和症状，一个是心理的，一个是生理的。常见的负性情绪如沮丧、担心、害怕、焦虑、忧郁、愤怒，等等。用移空技术解决生理问题也行，比如头疼、偏头痛、胃痛。我个人认为，心理咨询面对的绝大部分问题是情绪问题，就是解决负性情绪。各家各派解决负性情绪各有办法，精神分析去追根寻源，认知行为分析认知偏差，移空技术不找原因，也不分析条件，什么都不找，只是采用象征的方法，把情绪直接解决掉。

找需要处理的消极情绪有一个难点，就是很多时候，来访者本人往往分不清楚他的消极情绪和引起这个消极情绪的生活事件，常常认为生活事件是消极的。其实生活事件永远都是中性的，来访者对生活事件的消极态度和情绪反应，才是需要解决的问题。至于生活事件如何，心理治疗师并不能处理。

我做过的一个案例：有位大学老师没分上房子，心里很烦躁，来找我。我知道，我不能分给他房子，他的生活事件我解决不了，我需要帮助他解决的问题，是他因为分不到房子而感到的不平和沮丧。要解决的是情绪问题，不是能否分到房子的社会问题，是心理世界的问题，不是物质世界的问题。虽然他可能很有道理，比如说这房子应该分给他，分给别人不够公平合理。但我只是听着，我知道，这些不合理我解决不了，我唯一能想办法解决的，就是他因为分不到房子所引起的焦虑不平和沮丧愤怒。正如大部分来访者所抱怨的一样，当我问他需要解决什么问题时，他说：我分不到房子很愤怒，这不合理！这时候，我知道需要严格区分引起情绪反应的生活事件和情绪反应本身，我只能帮他缓解情绪。

我用了一个很土的办法，纯粹是传统文化的办法来处理这个案例。我先表达了我知道他说的可能有道理，这是共情；然后就对他说：你没分到房子，这其实是好事。这房子我知道，是你们学校位于某某区的商品房。我刚才问了你的生辰八字，现在要分给你的这套房子，风水并不适合你住。你要是住进去，家人或许会有灾有病什么的。风水的事情现代科学并不能完全解释清楚，我不主张迷信，但风水未必是迷信。现在分房碰到了坎儿，应该是好事情，应该是帮你避开不利的风水。你还是先别要这个房子好，这样下次再分你排在前头，挑选的余地比现在大。所以这次的坎儿其实是你的运气啊！这么正经八百的一说，他挺满意地走了，他的情绪问题就这样解决掉了。

但是解决房子问题了吗？一点都没有呀。我只解决了心理问题，而且也没用心理咨询这样那样的技巧，就是按照本土文化的习俗信念，给了一个他能够接受的解释。至于这个解释是不是对，其实不大重要。我要解决的是他的情绪问题，现在解决了，这个案例就算成功。当然有人可能不同意我这说法，但我觉得作为心理咨询，目的达到了。

分不清楚消极情绪和引起消极情绪的生活事件很常见。再说一个例子，有一次在日本做移空技术，来访者是一位常与夫人争吵的老大爷。我问他：您要解决什么问题？他就说，老太太的问题。我就对他说，我只能帮您解决您的问题，不能解决您夫人的问题。请问您的不满情绪是什么？这就是一定要严格地把生活事件本身和他对生活事件的情绪分开，我们能解决的是负性情绪，并不是生活事件。这个我再强调一遍，话说起来容易，但是做起来经常混淆。做移空技术如果分不清这二者，会影响疗效。

选择好问题之后，要评估所选问题的影响度，也就是负性的情绪、症状对来访者干扰的程度是多少？注意影响度是多少由来访者自己评估，完全是主观评估。从1到10，是多少？通常要选择一个影响度7以上的问题去解决。分值大的问题相对容易解决。如果问题的影响度小于5，大都不必解决，因为对来访者影响不大。移空技术的第10个操作步骤，即移空后的影响度评估同样由来访者自己完成，所以前后标准一致，可以判定疗效。在选择了问题，评估了影响度之后，要开始想象打造其象征物和承载物。

移空技术的第三个操作步骤，是把要解决的问题象征性的物化，就是要把负性情绪或症状，想象成一个具体的物品，然后再通过移动把它处理掉。移空技术的思路就是象征化解决问题。比如来访者非常沮丧，就可以会问他：你的情绪很沮丧，有什么具体感受吗？他可能会说：心里很闷，闷得慌。

就可以再问：你这个闷得慌的感觉，是像一块石头压在心里呢？还是像一团乱麻堆那里乱糟糟的？给他一个物化问题的诱导，引导他往这方面想。他就可能说：您说的对，我就是觉得心里好像有块石头压着一样。好，那就用这块石头做象征物。就可以开始问他：这块石头有多大？多重？什么颜色？什么质地？凉的还是热的？有什么味道？一大堆问题就问出来了。于是就让他把他的问题象征性地物化为一块石头了。然后再去解决这块石头，把石头解决了，他的沮丧情绪就解决了。

所以，象征性物化问题是移空技术的一个基本技巧。而象征性物化问题的过程，要用具象思维，不是用形象思维，也就是要把他的问题，他的负性情绪，演变成一个活生生的具体事物。

保险箱技术没有强调具象思维，还是用通常的想象。移空技术强调必须是栩栩如生的物象。怎样达到栩栩如生呢？就是反复对象征性的事物进行细节性提问，多感觉通道提问。比如刚才说的石头，就要问他，多长，多宽，多高，多重，什么形状，什么质地，什么颜色？通过非常详细地提问，让石头开始变得具体实在。提问越细致越好，目的是让来访者真的能看到、感觉到这块石头，治疗师也真正能看到、感觉到这块石头，之后处理它就容易了。什么是多感觉通道？就是不要只问视觉的，还要问听觉的，嗅觉的，触觉的。要问他这块石头摸上去是凉还是热？有没有温度？是很滑溜还是很粗糙？这是加上触觉。还可以把嗅觉加上：这石头有味道没有？闻起来有点香味还是有点发霉的味道？多开通几个感觉通道，石头就开始变活了。至少要打开三个感觉通道，例如视觉的，嗅觉的，触觉的。甚至还可以听一下，把石头放在耳朵旁边听听，有声音没有？

总之，想尽各种办法，进行细节性的提问，多感觉通道的提问，让来访者把石头变得栩栩如生，好像就摆在眼前。这就是第三步。

第四个步骤就是给这块石头量身打造一个承载物。可以是箱子，也可以是其它。这一步也非常之重要。怎么做呢？可以对来访者说：你这块石头放在什么地方合适？因为我们要移动这块石头，你得给个东西固定住它。他说：一个纸袋子吧，牛皮纸袋子，行不行？这时候要说不行。为什么不行呢？牛皮纸袋子可以包住这块石头，但是承受不了这块石头。这块石头估计有几公斤，牛皮纸哪儿兜得住啊？

我琢磨了好几年才想明白，承载物就是象征性地展示了来访者自身承受其问题的资源和能力。如果来访者的承载物很好，你就放心，他解决得了这个问题。如果来访者的承载物不行，一块几公斤重的石头弄一个牛皮纸口袋装，就可以知道他处理这个问题的内在力量不行。

假如十公斤的石头放在一个铁箱子里，就知道来访者能解决他的问题，心理承受能力足够强。有的来访者压根儿就弄不出承载物，也就是他承受不了这个问题。怎么让承载物也栩栩如生呢？跟提问象征物一样，要反复进行多感觉通道的细节性提问，让承载物和象征物一样变得栩栩如生。

仍举那块石头为例，关于石头来访者已经说了很多，颜色形状之类的。然后就可以开始问他，这块石头准备放在什么地方？我们要移动这块石头，一定要有个包装才行。他就说了是个纸口袋，但这不行。可以跟他说，纸口袋只能包装这块石头，但移动起来会破的，不安全，所以你得换个包装。

这个换很重要，换包装是什么意思？就是改变来访者的承受能力，发掘其内在的资源和积极因素。要争取换到能够承受其象征物的器具。有的来访者承受能力很差，咨询师就得想办法。

我曾有个案例是这样，象征物是一堆铁砂，一大堆很重的铁砂，承载物是一个麻袋，麻袋装铁砂也还凑合吧。但来访者有一个问题。他说：老师，我这个麻袋有个角是漏的，我怎么堵都堵不上。其实这就是他自己承受能力不够的表达，我就得想办法帮他堵麻袋的漏洞。我问他能不能拿铁丝绑上？他说不行。我说那拿绳子绑行不行？他又说不行。我说缝上行吗？也不行。我说那你觉得用什么封上才行呢？他说我想拿胶布粘上。一听就知道，他粘不上这个漏洞。麻袋里装着铁砂，拿胶布能粘住？不可能。但是他能想到的只有这个方法，他的承受能力只有这些。我就说那好，就先粘上吧，不过你要注意，移动时别让它漏。但实际移动时还是漏出了一些铁砂。最后有效果，但不是非常好，就是因为他那个承载物不行。

所以在可能的情况下，要帮助来访者打造好承载物，给他一些选择，力求最佳，然后如象征物的提问一样，进行细节性的、多感觉通道的提问，让承载物同样栩栩如生。

假如块石头的承载物，最终是将牛皮纸袋换成了一个木条钉的箱子。就可以继续问来访者，这木条箱子什么颜色？有多重？木条有多宽？刨平了吗？上漆了吗？有没有铁包角？这些都要问得很详尽，让来访者把这箱子想象得栩栩如生。这就是第四步，量身打造承载物。

第五步是很简单的一步，就是给来访者记录纸A，让他记录问题的影响度，并把象征物和承载物分别画在记录纸上。这个记录纸有三项内容，第一项是把问题的影响度标出来。比如说影响度是7，就让来访者在7那里打一个勾。这个7是主观的，来访者认为是几就是几。可以有小数点，7.5也可以。治疗之后的影响度评分，也是来访者说几就是几。例如开始他说是7、8或9，做完移空之后，如果这个数降到3、2或1，马上就知道治疗效果了。所以记录影响度评分很重要。第二、三项内容是让来访者把象征物和承载物分别画到记录纸的相应位置上。注意一定让来访者自己画，从他画画的位置、大小、详略、风格上还可以读出许多有心理学意义的信息。原则上要尽量让他画细致，但也不要花太多的时间，通常也就是五六分钟。

到这里前五个静态操作就完成了。我再重复一下：第一，三调放松，第二，选择靶症状，评估影响度，第三，将靶症状象征性物化，第四，为象征物打造承载物，第五，画在记录纸上。这就是前五个步骤，不复杂吧？

然后就是后五个步骤。前五个步骤是静态操作，让来访者想象，画图，但没有对象征物与承载物做任何变革。后五个步骤是动态操作，开始加工象征物和承载物，这就不同了。

动态步骤的第一步，也就是移空技术的第六步，与静态步骤的第一步一样，还是做三调放松。做法也完全一样，也是正襟危坐，注意呼气，呼出杂念。做这个三调放松的目的是完成从静态操作到动态操作的转折和过渡，是调整工作节奏，也是略事休息，让来访者安定下来，做好操作变化的心理准备。

移空技术的第七个步骤，就是指导来访者把象征物放进承载物。这就是开始加工象征物与承载物了，也就是开始干预。怎么操作呢？可以对来访者说：请闭上眼睛，现在，你眼前是一个象征物，一个承载物。象征物是那块石头。在将象征物放入承载物之前，先需要把这块石头打扫干净，你怎么打扫都行，水洗也行，鸡毛掸子掸也行，抹布擦也行。你得把这块石头上上下下，前前后后地打扫干净。这就是动态操作了。可以问他：你是怎么做的？他说我拿块布擦了。那就可以强调：前后左右都要擦一下，让他把问题的象征物前后左右颠倒翻滚，都看看擦擦。这就是一种对问题的干预变革，来访者能够自主地打扫问题的象征物了，意味着他对问题的把控能力提升了，就有治疗作用。

这是一个非常重要的步骤，有些来访者做完这一步，影响度的分值已经有明显下降。把象征物打扫干净之后，再让来访者把承载物也打扫干净，把那个木条箱子打扫干净。要对他说把箱子打开，里里外外都擦干净。要仔细看一下，里边的颜色与外面有没有不同，有没有钉子茬儿，有没有不平整，外面的铁包角也都要打扫干净。然后颠倒过来，把箱子底下的木条也擦干净。这是让他能够更加自如地运用这个承载物。

当承载物和象征物都已经打扫干净，就请来访者把象征物放进承载物。石头放进木条箱之后，要再细致地问他：一会儿我们要来回移动这个箱子，移动时它会不会咣当？如果咣当你怎么解决？里面需要塞点海绵，垫点小石子吗？他如果说需要垫，他要用什么垫就用什么。如果他说用塑料球，就问他：是什么样的塑料球？怎么塞？要让石头在箱子里尽可能地不咣当。然后还可以再问他：箱子要不要锁？要锁的话，用什么样的锁？怎么锁？如果不要锁的话，是不是需要绑起来？如果绑的话，怎么绑？是用背包带，还是用麻绳，还是用铁丝绑？这些操作步骤就是让来访者感觉到，象征物已经装进了承载物，而且很妥帖，很牢靠。为移动做好了充分的准备。

第八个步骤是移空技术的核心部分，就是移动已经放入了象征物的承载物。示例就是移动已经放进石头的木条箱子。整个移动过程分三个部分：一个是初始移动，一个是可见移动，一个是超距移动。每个部分有自己的任务目标。

第一部分是初始移动，即把装进了石头的木条箱子，移到眼前1米到3米的地方。这个步骤是启动，把原本是静止的象征物与承载物移动起来。注意一定要向正前方移动，不是左右移动，也不是斜向移动；是向纵深移动，不是横向平移，要直向正前方移动。治疗师发移动指令，来访者随指令自行移动放入了象征物的承载物。注意治疗师发指令的时候，只说1米，3米，不要加动词，不要说推、拉、拽。就是请来访者把已经装上了石头的铁箱子，放到1米远的地方。只说数量词，然后确认，声音要坚定。例如：1米，到了？看清楚没有？3米，看清楚没有？待来访者点头确认之后，再继续移动。从1米到3米的距离，做一两次反复。比如说：眼前，1米，3米，1米，3米，眼前。敏感的来访者一旦将物体从眼前移到1米，心口会感觉立即松了。如果有这个反应，疗效一定非常好。

有个别来访者或许会说：我移不动，往后退一步行不行？告诉他不行。一定要把问题移走，自己后退不行。那意味着缺少主动解决问题的意志和能力。如果移不动的话，治疗师可以帮忙出主意。例如，可以对来访者说：如果你实在移不动，可以在箱子底下装轮子、滚子，这样就容易移动了。但是你不能后退，不行，要是后退，你还怎么解决问题啊？你就是得去把问题移走才行。我做过的个案里最大的象征物是一座拦河大坝，非常大的问题呀！我当时觉得很惊讶，这怎么移动啊？我问：你怎么移动这个大坝？来访者说：没事啊，我把它放在一艘航空母舰上！这是我遇到的最大的象征物和承载物，但是没问题，航空母舰可以开走啊，可以把大坝移走，问题可以解决。

初始移动之后，就是可见移动，即在视野可见的范围内移动。这个可见的距离，与象征物、承载物的大小有关系。如果是航空母舰载着一座拦河大坝，放在几千米远的地方都可以看见，但是如果是一只木条箱子里面有石头，放在一二百米远可能就看不见了。所以要根据来访者象征物和承载物的规模大小，大体判断可视移动的距离。具体多远，可以问来访者，由他确定。确定最远距离的标准，就是来访者看到装载了象征物的承载物是一个黑点，再远就看不见了。在最远距离以内都是可见距离。需要再次说明移空技术的距离是心理距离，不是物理距离，不要求客观准确。来访者觉得多远就是多远。

我们做的是心理治疗，不是物理治疗。如果木条箱装石头，可以问来访者：你觉得这个箱子到多远就看不见了？他可能会说，150米就看不见了。那么就在这150米的范围内，来来回回的移动20次左右。要注意需要没有规律地来回移动，1米，3米，10米，50米，20米，80米，40米，100米，150米，就这样，让来访者无法预计下一次要移多远，这样的移动才是真正的移动，如果有规律，就可能有惯性因素了。

移动是移空技术的核心治疗过程。移动就是变革，来访者能移动装载了象征物的承载物，表明他能够驾驭它们。而问题如果能够被自如驾驭，也就不成其为问题了。

再就是超距移动。超距移动涉及的意识层次比较深一些，可以说超出了心理学涉及的意识范围。超距移动是将物体移动到最近距离之外，超出了可见移动的范围。如果是那只装了石头的木条箱子，就是要把它移到150米之外，因为它的最远距离是150米，150米之外就看不见了。看不见是怎样的境界呢？那就是空。这个技术之所以叫移空技术，就是要把问题移到看不见的地方。看不见的问题还有吗？没有了呀！没有不就是解决了吗？这就是已经说过的那句话：我不解决来访者的问题，只把他带到没有问题的地方。移空技术就是那句话的实现。

这一步骤的三个移动，初始移动、可见移动和超距移动完成之后，象征物和承载物大都会发生变化，如何变化下一步再说。初始移动大概移动三五次；可见移动大约移动二十次左右，超距移动大概十来次。总共移动约三四十次，太少了疗效会受影响，太多了来访者会厌倦，需要灵活掌握。

第九个步骤是把装载了象征物的承载物移到眼前，根据象征物与承载物的变化，来评估疗效。通常经过第八步的三个移动之后，象征物和承载物都会有变化。它们被移回之后，首先看到的是承载物，最常见的是它变旧了，变小了。例如装石头的木条箱子就可能如此。让来访者打开箱子，发现里面的石头也相应地变小了，或者完全没了，或者变成了其他物品。然后问来访者：你问题的影响度，刚才是7，现在是几？只要象征物和承载物有变化，影响度一定会降下来。按评分标准，分数降到零是临床痊愈；降到一半以下是显效；降到三分之一以下是有效。比如原来是7的问题，如果降到0，就是临床治愈；降到3是显效；降到5是有效；降到6或不降是无效。

第十个步骤与第五个相同，就是让来访者把影响度分值的变化、象征物与承载物的变化标记和画在记录纸B上。移空技术是现场起效，做完对比前后影响度的分值，马上就可以判定疗效。记录纸B比A多一项，那是需要治疗师填写的，即记录治疗过程中的个性化事件。例如移动时来访者哭了，应该记录下来；治疗过程中移空技术整合了其它心理治疗技术，也应该记录下来。

移空技术的操作步骤就是以上十个。这十个步骤很简单，但是做起来，也还是需要一些经验。移空技术谁都能做，而且也不需要有非常扎实的、雄厚的现代心理学基础。但它有一种灵气在里面，做起来变化多，不能死板，需要在明确移空目标的前提下随机应变。

移空技术的疗效可靠吗？有远期疗效吗？已经做过一些研究。我的一名博士后做过一个跟踪半年的移空技术小组治疗，疗效是巩固的，文章已经发表。另外，针对同一个心身症状，移空技术可以多次做。但反复做时，每次的象征物与承载物未必相同。例如同一种消极情绪，每天是不一样的，首次是沮丧，第二次还是沮丧，但是象征物和承载物未必还是石头和木条箱，可能变成其他物体。沮丧的性质、程度有变化，象征物和承载物就会变化，表达就不一样了。

临床上移空技术有一些明显的长处和优势。由于是象征性地解决问题，可以不问来访者的隐私。这就使来访者的抵触很小，愿意接受这种疗法，也可以集体做。治疗师与来访者对话只限于象征物和承载物，治疗关系也容易建立。再者，移空技术老少咸宜，给儿童做也没有问题，告诉他做个游戏就行。

移空技术通常都会有比较好的效果。如果没效果的话，最常见的就是靶症状选择的不准确。比如说把引起消极情绪的生活事件当作消极情绪本身，虽然也会有些效果，但不会很好。移空技术里有一个可判断靶症状是否选择正确的机会，就是在进行可见移动的时候，问来访者有没有最佳距离。如果有，第一可能就是靶症状分离不清，把某些生活事件当作消极情绪了。如果完全是消极情绪的象征物，应该不愿意停在任何地方，越远离越好，而且根本就不打算移回来。我遇到一个最明显的案例，象征物是一泡大粪，承载物是一把铁锹，这就是来访者想要一铁锹把大粪扔出去，怎么会有最佳距离呢？所以如果有最佳距离，就要怀疑象征物是否准确。

但这里有两种情况要除外：一是有些问题不能够彻底解决，比如说考试焦虑，要是一点都不焦虑，可能考不好。影响度分值降到 2 或者 3 就行了，让他有点焦虑，考试成绩会比较好。这种问题可能有比较远的最佳距离。还有就是某些人际关系问题，也不可能解决到 0，比如与亲人有矛盾，母子关系问题，不能把它清到 0，只能解决一部分，所以也会有最佳距离。在做可见移动时，问最佳距离可以帮助治疗师判断问题找的是不是准确，问题的性质到底是什么。因此这个问题一定要问。

移空技术听着不复杂，做起来也不难，但是要做熟练也需要大量实践经验。尤其做到空的时候，如果治疗师自己没有达到过空，引导来访者达到空就会有难度。通过移动装载了象征物的承载物到达的空，理论上未必是大我的空，大都是小我的空，是意识中没有问题的地方，但它有可能成为到达大我空的过渡，那就是移空技术第二部分要做的事了。

三、问答

🦌 1. 为什么说移空技术是直接处理消极情绪？

说移空技术直接处理消极情绪，是指它不去分析情绪产生的原因、条件、结果等相关因素，而是直接把它处理掉。例如，精神分析是探索情绪问题幼年时期的原因，进而消除其原因。行为疗法处理情绪产生的条件，认为行为是条件刺激的反射，用干预操作性条件反射和经典条件反射的方法调控行为及情绪。系统家庭治疗则着眼于产生情绪问题的人际关系，通过调控人际关系调节情绪，等等。所以不同流派解决同一个问题的方式是不一样的。移空技术不找相关因素，用象征的方法直接处理当下的情绪。我认为这是直面问题、直接处理。如果去找问题的根源、条件，其实还是在找生活事件。在心理学意义上，直接面对和处理情绪问题是可能的。移空技术临床有效，说明这条路可以走通。

2. 象征物像一个烟头顶出去，行吗？

可以啊，象征物是什么不重要，重要的是问来访者做移空之前影响度是几？之后是几？如果开始是10，现在是0，不就行了吗？开始是10，现在是5也行啊。象征物是不是烟头顶出去，那无所谓。凡有所相（象），皆属虚妄。移空技术要的不是相的变化，而是问题影响度的缩小。

3. 能谈谈具象思维、无象思维和零点思维吗？

具象思维，无象思维和零点思维是我那本《禅定中的思维操作》书中的提法。心理学教科书上这些提法少见或未见。无象思维在之前的心理学里有"无意象思维"的提法，与我书中的含义不太一样。具象思维在文艺创作心理学里提到过，但那里说的具象思维，实际上更多的是形象思维。零点思维好像没有提过。《禅定中的思维操作》那本书里把这几种思维形式并列起来探讨，对它们做了一个比较系统的分析。

🦌 **4. 移空技术的第五步操作，画出来，不会打破前面的想象吗？**

是加深前面的想象，具体地画在纸上，印象只能更深刻、更确定。而且画图本身也有很多意义。有的人画在纸中间，有的人画在纸边上，有的人画得很大，有的人画得很小，每个人的画风都不一样，其中都有很多心理信息可以分析。通过画图，治疗师又可以了解到许多来访者的心理状态和心理活动。做教学的时候，我会让来访者直接画在黑板上，让大家看见整个画图过程。

🦌 **5. 移动过程中，承载物的封口开了，可以中间让它封好再继续吗？**

可以灵活把握，封或不封都可以试。关键的是要看开始的问题影响度和移动后的问题影响度有没有变化，中间的过程可以自然发挥，目标是要影响度的降低。

🦌 **6. 可见移动为什么是来来回回的？**

可见距离内的移动，是来来回回的重复。但这个来来回回要没有规律。例如，1米，3米，5米，3米，20米，3米，20米，3米，50米，20米，70米，让来访者摸不到规律，为的是让他真正做移动而不是靠惯性，一般总共二十次左右。然后再做超距移动。移动包括初始移动、可见移动和超距移动三个部分，每个部分移动的次数可以灵活掌握，但三个部分都不能少。

🦌 7. 象征物、承载物是不是一定要移回来？

可以征求来访者的意见。问他：你愿意移回来吗？愿意移回来就移，不愿移回来，就放弃在空里。然后问影响度有什么变化？关键是影响度的分值。你放弃了？好，你现在影响度是几？如果他说是0，那就行啦，不回来也没关系啊。但是，很多人愿意移回来，那就移回来再评估疗效。有的时候移回来只是要看看有什么变化，已经不影响影响度了，那也可以回来。总之，是否移回来可以跟来访者商量，可以灵活掌握。

🦌 8. 有人说感觉移空技术和冥想有点相似，对吗？

什么是冥想？就词义而言，所有的静态意识活动都可以叫冥想，都可以叫meditation。但是meditation的内容是什么？要解决什么问题？如果没有要解决问题，只是漫无边际的冥想，那不是一种治疗技术。如果是治疗技术，就要有治疗目标，操作程序，量化标准，这些都有才行。笼统地说与冥想相似，其实等于什么都没说。或许可以说移空技术是有特定内容的冥想，这个冥想有特定目的，特定形式，解决特定问题，不是随意的冥想。

9. 承载物移不动，加上滑轮了以后，会不会影响疗效？

当然不如自己移动好，但如果加上滑轮能动了，依然会有效。只要能移动就有效，为什么呢？移动就是变革，只要能变革、能加工承载物，就说明来访者能够把控这件事，因此有效。所以一定要移动起来，哪怕加个滑轮。

10. 移空技术处理了当时的情绪，以后又出现类似的事，是否还会引发相同的情绪？

如果用移空技术把情绪处理彻底，再出现同样刺激，来访者会较快适应，不见得出现同样的情绪。如果出现同样的情绪反应，有可能是没有移到空，只移到了可见范围之内。可见范围内的移动，可以处理情绪，但只有移到空才能彻底解决问题。所以移到空是很重要的。另外，做一次移空之后，又遇到同样的事，即使再次出现情绪，与原来的情绪也不会完全一样。

11. 来访者感觉心里比较扎，像一个莲蓬粘在他的心脏上，让个案慢慢移开，他说，越扎越粘，越拽越扎，他说粘在心脏上。怎么办?

　　这个问题让我联想起一位学员的类似案例。来访者的心脏不是被一块东西粘的，而是一卷铜丝缠在心脏上了。这个学员非常耐心，花了一个多小时，让他把铜丝一圈一圈地从心脏上解开，然后移走，问题就解决了。这个象征物一看就是恋爱问题，肯定是被人家伤了心了，心被缠住了。怎么办呢，就得耐心，一点一点地帮他把铜丝铰断，拉出来，只要拉出来移走，问题就能解决。你这个莲蓬也是，例如可以一个一个莲子在那儿抠，让他慢慢抠出来，再把莲蓬拔出来，不要怕浪费时间。可以打破移空技术操作步骤的顺序，慢慢做，先把影响度找好，然后慢慢地抠那莲蓬，一定能解决问题。抠莲蓬已经是在变革象征物了，要有耐心，一定要有耐心。有句话谁说的我忘了，就是对任何事情都要有耐心，首先要对自己有耐心，然后是对他人。所以你先得有耐心，然后帮助来访者，一点一点抠，一定会解决问题，影响度一定会缩小。

12. 老师，帮来访者找到承载物，只是提供几种选择，还是要让他想，或者咨询师亲自帮他一起想?

象征物和承载物都要让来访者自己想才对。咨询师不要直接帮他想，只是帮他敲边鼓。例如你问他：这块石头要放在哪里？你不要说要放在箱子里。来访者说什么就是什么，如果他说的器具你觉得不行，可以再引导他变化，但是别帮他想。要引导出他自己心理承受能力的物化象征，而不是你给他什么。一定是他自己解救自己，不是你解救他。无论是象征物还是承载物，都要来访者自己拿出来，最好是脱口而出、没想就出来的才好。这就要看咨询师怎么引导了。比如问他：你觉得心口像石头压着是吧？那石头什么样？这就很自然。然后放哪儿？他说放在平台上，平台上也行，不一定非得是个容器，能承载就行。象征物要有承载物，这是必要的，承载物什么样儿？自然出现的就好。别费心设计，一设计就人为了，就不真实了。

13. 在移动承载物的过程中，是心在移动，不像平时用手足的推拉，对不对呢？

刚才说了，移动指令不要给动词，只给数量词，来访者怎么移动不要管。我每次都强调，只说1米，3米，5米，10米，即只说数量词。我后来甚至就只说数词，1、3、5、7，连量词都不说。实际上承载物怎么过去的，来访者也未必很清楚。不要用动词，一用动词来访者反而可能会没法把握，不知所措，因为每个人的想法都不一样。不用动词，就是默认了来访者的方式，承载物自然就过去了。实际上这是一种心理操作，不设计生理行为为好，尽管生理心理是相关的。

🦌 14. 没有移到空，最后象征物放哪儿呢？

移回到眼前打开看，然后把它的变化画在纸上，评估他的问题影响度。注意啊，移空技术临床上的落脚点，不是象征物和承载物的变化，而是影响度分值的变化。这是疗效标准，移空是为了疗效。凡有所相，皆属虚妄啊。移到无限远看不见了，还要引导吗？还有些引导。移动到看不见了，可以有几种提问法：你是看不见了，你觉得它还在吗？一种是看不见了但仍然觉得在，一种看不见了也完全不在了。这两种情况不同。然后再问：你还希望它回来吗？最后还是问影响度有什么变化。最终是要落实在影响度的变化上，可以随时中断移动，只要影响度下来就行。

🦌 15. 有个问题：别人给你做移空，是不是比你自己做更容易？

这要看熟练的程度。通常来说，别人给做是比自己做容易。开始让别人做比较好，熟练了以后可以自己做。移空技术既是一个心理治疗技术，也是一个自我成长技术，二者可以并行不悖。我有个学生说，他做熟了以后，每天晚上回家在地铁上，拉着把手，做10分钟移空技术，把白天所有的负性情绪移掉，效果很好。其实要真的熟练了，每天放空10分钟就行，直接空，连动都不用，那是最好的。

🦌 16. 飘化功是怎么回事？

飘化功是我编创的一种静功，和移空技术不是一回事，只能另讲。移空技术有十个操作步骤，飘化功的操作步骤与之不同，治疗的目标也不一样。飘化功也用具象思维和无象思维，但不像移空技术那么具体，也没那么好学。所以还是先掌握移空技术好些。

🦌 17. 来访者的想象力特别差怎么办？

可以有各种方法，例如让他把症状说出来，想象用录音机录下来，把录音带放到一个器皿里移走；或者写在纸上，放到信封里移走。这样做效果会差一些，不如直接移动好，但也可以用。所以可以想很多的办法来引导形成象征物和承载物。有一次，我的来访者说，他眼前是一个无限大的泥潭，没办法找到承载物，没什么东西可以放得下这个泥潭。我就跟他说，你给这个大泥潭拍张照片，然后把照片放在一个信封里移动，行吗？他说：行。咨询师可以帮来访者想一些办法，帮他形成象征物，但是不能直接给他做。这个案例拍照还要是他自己拍，然后让他自己描述拍下来的画面，信封也是他自己选择样式。移空技术的十个操作步骤照做，之后效果也不错。

🦌 18. 来访者说移不动，可不可以找人帮忙？

原则上不可以。找人帮忙他自己就没有解决问题，起不到帮他自我成长的作用。告诉来访者一定要自己解决问题，一定能想办法移动，可以帮他想办法。例如说移不动，可以让他给承载物加轮子，用自动驾驶汽车也行，一定要来访者控制移动。要让他想自力更生的办法，不要有外援。

🦌 19. 要不要没事时试试自己是否可以移动具体的东西？

不必。心理现实不是物理现实。如果你真想修炼，不如就练stop thinking，或者练习深度想象，也就是存想。然后你或许会发现，具象思维和无象思维实际上是一回事，无象思维是具象思维的特例。从修炼角度看，stop thinking是入口，思维都不重要。

第九讲
元神与元认知、识神与意识

　　传统文化的意识有元神和识神的差别，心理学的意识就是意识，没有这种差别。这是东西方对意识探索的差别，是两种文化、两种价值取向和研究方法的差别。

心理学归根结底还是研究人的意识问题，什么是意识，传统文化和现代心理学的认识其实有很大不同。传统文化的意识有元神和识神的差别，但是心理学的意识就是意识，没有这种差别。可以说心理学没有传统文化中意识的元神部分，只有识神部分。所以二者就很难比较，那怎么办呢？我就想了个办法：把现代心理学的意识里离元神最近的部分挑出来，和元神做一个比较，然后再用心理学里的意识和识神做一个比较，于是就出来这个题目：元神与元认知，识神与意识。

一、元神与识神

　　由于心理学里没有元神、识神的概念，在做比较之前，先简单介绍一下这两个属于传统文化的意识概念。

　　什么叫元神？什么叫识神呢？给外国同行们讲的时候，英语的意识是consciousness，我就用这个概念，把元神叫做original consciousness，把识神叫做cognitive consciousness，也就是说一个是原始的，最初的意识，还有一个就是认知的、和认知有关的意识。而元神就是进入认知过程之前的意识，可以说识神就是进入认知过程的意识。

现代心理学里都是探讨已经进入认知过程的意识，比如意识流，都是已经意识到的念头，不探讨尚未进入认知过程的意识空白，所以就没有元神部分。当然，元神也不是简单的意识空白，但至少是没有意识内容的意识。换个角度说，心理学的意识都是有内容的，但是元神是指没有内容的意识。心理学终归还是把意识当作对象去研究的。所以心理学的学术体系和研究方法里包含不了元神。

这里讲个圣经故事吧，或许能借助一下上帝的力量，进一步解说一下元神与识神。《圣经》的创世纪里，有个伊甸园，伊甸园里有棵树上长着智慧果。耶稣告诫亚当与夏娃，不能吃那棵树上的智慧果，如果吃了就会堕落。但亚当与夏娃受了蛇的引诱，没有听从耶稣的告诫，偷吃了智慧果，然后他们就堕落了。

看了这个故事，使我觉得世界上的许多宗教在根本上是相通的。这个吃智慧果的寓言故事，寓意人不能有智慧，一有智慧就堕落了。没有智慧的时候就是在天堂，有了智慧，人就从天堂堕落了。

如果用中国的道教、道家思想解释这个故事，就是人不要动识神，只用元神就对了。元神和识神，也相当于我们以前讨论的小我和大我，有和无。有智慧，实际上就是掉到小我里面了，把智慧都扔了，把聪明都扔掉，就回到了大我、元神或天堂。所以这个圣经故事里说的意思与佛家道家一样，只不过大部分人不这样去理解罢了。

所以在经典的深处，彼此相通，都是让人扔掉小聪明，回到大聪明，扔掉小我，回到大我。但是心理学始终只能在智慧里做文章，只能在聪明里做。

二、元神与元认知

刚才简单说了一下什么是元神，现在来说什么是元认知。然后再说元神和元认知有什么差别。元认知又叫做反省认知，监控认知，超认知，等等，是指人对自己认知过程的认知。为什么叫它元认知呢？因为它是对认知的认知，是认知的长辈，所以叫元认知。

元认知的直接用途，就是人们可以通过它来了解、检验、评估和调整自己的认知活动。元认知的提出，源于对学习过程的研究。任何学习都是一个认知过程，在这个过程中，学习者应该学会监控学习过程，也就是对自己的认知过程进行监控，这个对自己认知过程进行监控的认知，就是元认知。

那么，心理学一定要有认知吗？跳出认知过程行吗？刚才说了，不行。跳出去不就成元神了吗？心理学的意识不包含元神。因为心理学只能研究已经意识到的意识活动，而去意识意识活动就是认知，有了认知才能够形成概念、提出理论，乃至构建学科，所以心理学始终只能在认知过程里面做文章。这就涉及了认知的两个层次：日常的普通认知与元认知。对元认知的研究是从研究儿童学习过程开始的。要知道让儿童学习认字，光教认字的过程还不行，还得教怎么认这个字，也就是认字的认知过程是什么，这就涉及到元认知了。于是元认知就被定义为是一种内智力活动。什么叫内智力活动？这是相对于外智力活动而言的。

日常的普通认知，包括各种学习，都是外智力活动，是认知和学习意识之外的事物，比如说学习写一个字、做一道题，或者看一场电影、下一盘棋。但是元认知呢，是对上述普通认知过程进行的监控自检，监控普通认知过程对不对，怎么能更节约时间，怎么能避免走弯路，是意识对意识自身活动的监控活动，所以把它定义为内智力活动。在这个意义上，它的确是一种不同于普通认知过程的心理活动。它是意识主体对自身认知的认知，但这两者是相互联系的。首先要有普通认知过程，然后才会有元认知。心理学对此区分得很清楚。先要有认知过程，就是说要先决定学不学习，或者要做什么，然后才谈得上监控学习过程是不是有效率，做事过程是不是走弯路。这就是认知和元认知的先后关系：以认知为基础，然后元认知才能出现，二者互相作用。如果元认知的水平高，就有机会对普通认知过程活动进行修正，于是普通认知活动的水平也会提高，所以二者是互相启发互相促进的。

迄今为止对元认知的研究大体包括三部分内容：元认知的知识，元认知的体验和元认知的监控。关于元认知的知识，刚才讲的那些都是，包括元认知的概念和理论。元认知的体验，举个例子：你在学习的时候，会发现你可以监控你自己的学习过程，好像还有一个你在看着你在学习，这就是元认知的体验。元认知的监控，比如说，你现在学习，发现自己有点疲劳有点懒，发现哪个计算步骤还可以精简，这就是元认知的监控。这三者加起来，就是元认知过程。所以心理学中元认知的内容很清楚，元认知概念的边界很清晰。

现在来看看元认知与元神有什么差别。刚才说过，心理学里没有与元神对等的意识部分，为了做比较，就把心理学的意识中最接近元神的意识内容拿来说事儿。为什么觉得元认知和元神比较接近呢？因为元认知超出了普通认知过程，是对认知活动的监控，在这一点上，它和元神有点接近，但它们并不等同。元神并不监控识神，它只是识神发展的基础、土壤。

元神与元认知的差别，首先就在于元认知没有元神那么"元"。元神与元认知的"元"应该都是"初元"的意思，也就是最根本的出发地、原点。称元认知或元神，就是指那里是认知的起点、意识的起源。元神确实是这个意思，它就是original consciousness。但元认知就不然了。大家已经知道，元认知是对普通认知过程的认知，是监控普通认知的认知。那么按照同样道理来推的话，可以有元认知，还可以有元元认知，还可以有元元元认知，即有对认知的认知，还可以有对认知的认知的认知，还可以有对认知的认知的认知的认知，还可以有对认知的认知……。也就是一个较低层次的认知，总能成为一个较高层次认知的对象，层级似乎可以无限地往上加，反正上一个层次的认知总可以监控下一个层次的认知。

有没有终极的元认知呢？理论上应该没有。我以为这就是心理学研究元认知的悖论：所有的元认知都是相对的，都不是初元的，所以都不是真正的元认知。但元神就不然，它就是指初元之神，元神与识神的关系是体用关系，元神是体，识神为用。元神并不监控识神，而是为识神提供生长的土壤。而且，按道家观点，元神不仅是个体的初元之神，还同时是宇宙自然的初元之神，亦即它是大我，是小我的、也是万物共有的大我。

其次，元认知是有边界的，元神没有；元认知是有内容的，元神没有。如上所述，元认知仍然是一个认知过程，包括元认知的知识，元认知的体验，和元认知的监控三部分，其概念的边界是清晰的。但元神没有这些内容，它干脆就没有任何内容，就是一个完全空白的意识本体。因为完全空白，所以没有边界。而意识工作起来之后，可以有各式各样的内容，各种层级的内容，所有的意识内容都不是元神，在传统文化中被称为识神。

元神指的是产生意识内容的意识本体，识神指的是意识本体的运行应用。所以元神与识神的关系是体用关系，不是监控与被监控的关系。从这里也可以看出，东西方、传统与现代对意识的认识的确有很大差别，而且这种差别是方法论意义的差别，完全是两种不同的认识系统，不仅仅是认识内容或分类的差别，而是真正的不同文化的差异。

再就是从传统文化对意识的认识角度看，元认知仍然属于识神。它在识神里面是较高的意识层次，虽然比较接近元神，但并没有高到元神那里。元神对识神有把握作用，但这种把握并不是监控，而是产生，如果没有元神，也不会有识神，元神是识神产生的土壤。这就与元认知和普通认知的关系大相径庭了。前面提到过，先有普通认知，而后才会有元认知。在这个意义上，按元神识神的叙事逻辑，普通认知是元认知生发的土壤，普通认知才是"元"，元认知反而是派生的，是"次"认知。这就是东西方思维逻辑关系的不同了。为什么说元认知仍然属于识神呢？因为它仍然属于"有"，而不是"无"。元神是没有意识内容的意识，故属无，识神是有意识内容的意识，故为有。

元认知对普通认知的监控，是识神对识神的作用，是有对有的关系。它们只是识神中划分出的不同层次，监控层次和被监控层次。但它们都是认知过程，只是认知的对象不同，所以它们还都是有。元神和识神的关系，是无和有的关系，元认知和普通认知的过程，是有和有的关系，所以完全不同。无把握有和有把握有能一样吗？人在做、天在看和人在做、人在看能一样吗？显然不能。人有为，天无为。元认知虽然在普通认知基础上多了一层把握，但它毕竟还是把握，还是意识的内容，而不是意识的本体，故仍属识神。

元神和元认知这两者是不同的概念、有不同的发展起源。二者可以比较深入地反映传统文化和心理学的本质差别。哪怕只是模模糊糊地知道这些差别，对今后的学习也有一定意义。

三、识神与意识

识神是cognitive consciousness，也就是认知的、和认知有关的意识。而认知的、和认知有关的意识就是心理学的意识。所以，传统文化里的识神基本上等同于心理学的意识。它们的内涵相当，都是指进入认知过程的意识。既然如此，以下先说一些现代意识研究的热门话题，再来看看同样是认知过程的意识，心理学和传统文化如何引导不同的发展方向。

大家知道，现在脑科学已经开始研究意识的本质。什么是意识？到目前为止，研究者们对意识内涵的认识还没有形成共识。在意识研究的方法上，也存在不少难题。例如，意识究竟能不能研究意识本身？这个问题类似于自己是不是既可以当运动员又可以当裁判员？

此外，常规的科学研究还非常回避意识，大家都知道，做科学实验要尽量避免主观因素参与。而这个避免是否科学就值得讨论：所有的科学实验，都是意识设计出来的，然后又要回避意识，回避得了吗？而且，如果要研究意识，又如何回避意识呢？

下面简单介绍一些研究意识的主要动向，看看研究意识的学者们正在从哪些方面去啃这个难题。目前比较有特色的，就是把意识研究问题归成了两类，一类叫做简单问题，一类叫复杂或困难问题。什么是简单问题呢？凡能够归结为结构、功能和动力学问题的，都是简单问题。比如说视觉原理，人眼怎么看见东西，这就是简单问题。通过对大脑的功能、对神经系统的功能研究来表达意识过程，以及人工智能的研究，都是简单问题。因为它们都可以用结构、功能和动力学研究方法得出一个结论。

例如研究者们认识到意识的产生需要能量，意识的传播需要媒介，意识是存在和依附于物质的，等等，这是唯物主义基本的认识。但是研究者们也认识到，意识的本质与功能，意识所表达的含义，与其物质载体本身并不是一回事。所以大家就同意如果能够用物质的结构、功能和动力学方法来解决的意识问题，都是简单问题。因为至少有一个比较明确的研究思路和一系列可用于研究的方法，可以沿着走下去。

那么什么是困难问题呢？就是不能归结为物质结构、功能、动力的意识问题。现在，研究者们大都认为，所有困难的问题，都指向意识体验和存在的机理。这就趋近于意识的本质了。这就是说，能用物质结构、功能和动力学解释的问题，都是解释意识现象的，都是作为客观现象去认识和研究意识的。

但实际上意识是一种主观体验，而且还只有主观体验。因为意识只存在于每个人的头脑里面，头脑外边哪里有意识呢？结构、功能和动力学方法的研究都是客观研究，比如说研究脑细胞的活动、神经细胞的活动，以及神经介质的变化、神经的网状结构，都还是把意识当作客观现象去研究的。如此研究得再清楚，也不能解释为什么这个结构、这个神经介质或网状结构的变化，能够变成主观体验。这是仅仅研究物质结构解决不了的问题，所以才是困难问题。而客观现象如何能变成主观体验？现在连研究思路都没有。

不知道什么机制把客观的物质现象演变成为主观的意识状态，这两者到底什么关系？它们是怎么转过来的？就好像拿着个包子，不知道往哪儿下嘴，不知道怎么咬这个包子。知道它是一个包子不假，但怎么吃不知道，没有吃的方法。

现代心理学是把意识当作客观对象去研究的，这是从现代科学学来的。1879年冯特在德国莱比锡大学创立的世界上第一个心理学实验室，既是现代心理学诞生的标志，也是心理学研究方法脱胎于现代实验科学的标志。

现代心理学主要通过研究意识现象及现象之间的关系去认识和解释意识。比如说意识流，就是意识现象之流。而思维过程，就是意识现象与现象之间的联系过程。例如抽象思维，一个词接一个词的出现，每一个词都是一个作为符号表象的意识现象，这些词联系起来形成句子，每个词之间就是线性的关系，在时间维度中顺序出现，形成抽象思维过程。如果是形象思维，就有连续不断的作为形象表象的意识现象出现，而形象表象之间的联系主要在空间维度。

所以心理学研究的方法，还是研究现象与现象的关系，与现代科学研究外在客观事物的分析过程一致。因此心理学在整个方法论体系上与现代科学并没有什么差别。而正是因为采用了研究被观察到的现象之间联系的方法去研究意识，所以就没有办法解释什么是主观，怎么能从客观变成主观。而如果这个弯儿转不过来，就没有办法做意识的本质研究，只能做外围。

有没有不把意识作为客观对象的意识研究呢？有的，传统文化对意识的研究就是，元神就是。首先，元神是主客合一的意识状态或境界。元神既是主观的，也是客观的。但这么说就很难让心理学理解。因为心理学只能理解被作为客观现象的意识，也就是意识的内容、进入了认知过程的意识，从而无法理解主客合一。因为到了主客合一，就没有客观了，而主客观是相对的，没有了客观，也就没有主观了。这个既没有客观也没有主观的意识就是主客合一的元神。逻辑上这样表述没有问题，但理解上有困难，至少我认为从心理学观点上很难理解元神。

因此元神就成为一个传统文化与心理学互相不能沟通的难点。其实还不是互相不能沟通，因为从元神认识识神很容易，可以沟通；但是从识神去认识元神很难，无法沟通。也就是从传统文化理解心理学观点很容易，但反过来，从心理学理解传统文化观点则几乎不可能。因为从心理学理解元神需要把认识对象去掉，但如果把认识对象去掉，心理学还存在吗？

其实心理学也不是没有做接纳元神境界的努力。弗洛伊德的潜意识、荣格的集体无意识，都有些超出认知的内容、也就是超出识神范围的倾向。特别是集体无意识有超出个体意识的倾向。因为集体无意识是人群的或是人类的，而并非个体的。这些努力都有趋向元神的意思，但也都还不是元神。

前几年比较时兴的、现在好像声势又小了些的超个人心理学，更为明显地想要超出识神的范围。为什么叫超个人心理学？我觉得就是想要构建超出小我的心理学。识神或心理学的意识都是个体的、都是人的意识，但是元神是个体的吗？至少佛家道家都认为它是宇宙的意识，或者说是整个宇宙万物的无意识，并不属于个体。意识的认知内容，也就是识神，包括思想、知识、聪明才智是属于个体的。

再回过头来看现代意识研究的进展，也可以说是现代科学思路研究识神的进展。理论方面，以现代神经科学和量子力学观点解释意识，已经有了不少假说。实践方面，人工智能在迅速发展。比如阿尔法狗已经战胜了世界上最优秀的围棋棋手，而且新一代的阿尔法要成百倍地强于阿尔法狗，完全是自己学习，用自己学习的能力就可以战胜顶尖棋手。

如果人工智能在下围棋上能战胜人类，它在别的问题上，就不能战胜人类乃至控制人类吗？这也有意识本质问题：

人工智能能够自我学习了，它是不是就有了意识？它"聪明"到何种程度就可以被认为已经有了意识？现代科学的意识研究所面临的挑战非常大，值得每一位从事心理研究、想了解意识奥秘的人持续关注。

上述的意识研究发展思路和方向是现代科学包括心理学的，但不是传统文化的。就人类意识研究的发展而言，现代科学的思路是日益完善对意识现象的研究，尽量找出思维意识的共性，尽量以客观替代主观，因此属于外求法；而传统文化的思路是跳出识神回到元神，强调个体的主观修炼，故属于内求法。这就是两种从内容到方法上完全不同的意识发展思路了。

虽然都是从认知意识或识神出发，现代科学强化、深化认知过程，而传统文化则是超越认知过程。现代科学包括心理学用客观化的外求法探索意识的发生发展，从冯特的实验室到当今人工智能的发展，总共连150年都没有，但是发展非常迅速，取得了非常大的成就。

人类物质文明的发展都是从现代科学的外求法得来的，现在这个方法也已经运用于意识的研究与开发。而传统文化以内求法对意识的探讨源远流长，如果从老庄佛陀时代算起，至少也有2500年的历史。传统的修炼是从识神修到元神，从小我修到大我，从内在去探讨意识的源头，但两千多年来似乎也看不到有多少人真正修成了。于是人们确实有理由认为，这是一个效率不高、应用价值不高的探索方向，完全无法与人工智能一类的光辉成就相比。

是不是古人很傻吗？是不是由于科学发展水平的局限，古人探索意识只能够走内求法之路呢？我觉得古代科学水平的局限确实存在，但古人不傻。古人注重从内求法探索意识，最根本的因素是看到了这条路的独特价值：从人的意识自身切入，提高和完善意识与世间万物直接沟通的能力与水平，从而实现在心理学意义上超越小我人格成长的大我人格。

传统文化探讨意识的目的主要不在于从外在认知世界，而是注重于个体的意识成长。传统文化清晰地认识到，意识都是个体的、主观的，只能从内部体验的。其意识成长的方向与道路，就是要从识神回归到元神，从个体回归到宇宙，或者仍然用这个系列讲座中通用的说法：从小我发展到大我。

传统文化不主张无限的发展识神或者认知的意识。如庄子说："吾生也有涯，而知也无涯，以有涯随无涯，殆已。已而为之者，殆而已矣。"认知意识的发展可以是无限的，但个体的生存有限，如果想要穷尽关于宇宙的知识，倾毕生精力之所知，不过是沧海一粟。个体如此，人类亦然。部分或局部的知识固然有用，但由于看不到整体和全部，永远都是盲人摸象。

传统文化还认为，识神或认知意识的发展应该有度，这个度就是与大自然吻合，不应该去做那些有损于自然安排的事情。《道德经》里讲"人法地，地法天，天法道，道法自然"，就是指人所做的一切最终应该遵循自然规律，该知道的就去知道，不该知道的就不必去知道。

　　从识神走向元神，达成天人合一的大我人格状态有什么益处呢？它是否具有现代科学的认知意识发展所起不到的作用或达不成的结果呢？简言之，元神是意识的源头，也可以说是生命的源头，回到源头，心始能安。如同在外的游子总会思乡，客居的侨民总想落叶归根一样，向外发展的意识，也就是现代科学的意识研究思路，尽管可以取得公认的辉煌成就，能够开拓人类对自身以外事物的认识和变革，但无法直接深入人心，不能让意识安顿下来察知意识的本体。

　　而意识如若不能回归到本体，就只能向外、在外探求满足人类的各种欲望，而欲壑难平，人类的欲望永无满足之日，人心也就谈不上安宁。而向内和内在的探求不以满足欲望为目的，是要回到意识和生命的源头。到达了源头，就好像列车回到了终点站和始发站，狂心顿歇，宁心自现。

　　这是现代认知研究所无法达成的结果和获得的益处。宁心有什么好处吗？答曰：那就是幸福感。不是洪福，乃是清福。总之。向外发展与向内发展，向有发展与向无发展，这就是东西方对意识探索的差别，是两种文化、两种价值取向和研究方法的差别。

内求法出自于人类想要理解自己的本能，这是高于食、色层次的本能，符合宇宙自然事物发展的规律；外求法出自于人类认识和改造世界的本能，但有的时候，是不是走过了，人类自己都不知道。

理论上说，内求法和外求法最终将可能汇合，那时候内外就可以沟通。但这个前景我觉得在我们有生之年是看不到的，可能是非常久远的事情。

记得奥本海默还是爱因斯坦，还是其他伟大的一些科学家们，都表达过类似的意思：就是当科学家们研究很深的存在，发现似乎接触到了宇宙存在本质的时候，才发现在那个终点或起点上，佛和道已经在那里等候他们了。这就是说，从佛家道家认识到的宇宙本质，和现代科学最尖端的研究结果，其实是相似的，或者说是相通、相同的。

四、问答

1. 传统文化与现代科学对意识的研究怎么汇合？什么时候汇合？

不知道。从理论上说，无论从哪个方向走，最终会走到终点，现代科学的外求方法会走到终点，传统文化的内求方法也会走到终点。而终点应该只有一个。我觉得在对宇宙生命本质的认识过程中（如果说认识这个词正确的话，实际上内求法不用认知），古人已经走到了终点，而现代科学没有走到终点。他们的终点应该是一样的，我现在只能说"应该"或"可能"，不敢肯定，因为我不知道。但是以上科学家们说的话，也是我说的这种意思，当他们觉得走近终点的时候，发现古代的修炼者们已经走到了。这也就是说，现代科学与传统文化终将汇合，这至少已经是一部分科学家的共识。

但什么时候能够实现这个汇合，我觉得这取决于现代科学研究意识发展的方向与速度。古人已经到了，已经在那里等了，等谁呢？等现代科学。这听起来似乎不可思议，但实际上就是这种情况。传统文化从内部，从意识本身切入，在本地研究本地；现代科学从外部，从意识现象切入，从外围追寻外围。这有点像古人就在原地等着，科学家要绕地球走一圈来汇合，所以现代科学要慢很多。我觉得在我们这一代人的有生之年，看不到这个汇合。

🐎 2.大我是否可以理解为阿赖耶识？

关于阿赖耶识，佛学内部的争论也很多，肯定否定的都有。唯识论我没有好好研究过。我觉得阿赖耶识还不能说是大我，有内容的意识都不能算是大我。阿赖耶识是藏识、种子识，还是有内容的，或相当于是意识内容的压缩文件，至少有一部分是压缩文件，所以我觉得还不能算是大我。我这个认识是不是准确，我自己也说不好。我觉得大我是不能有固定术语的，如果只认为它是某一种识，那么它就是识神，不是元神。元神本身没有内容，有内容的都不是。如果认为阿赖耶识没有内容，那它可以是大我，但这需要佛学家来定论了。

🦌 3. 潜意识接近元神吗?

潜意识也是有内容的，所以还是识神。我记得上次课说过，潜意识有还是没有，个体实际上并不知道，要等潜意识浮现到意识中来的时候，个体才知道。但是潜意识浮现到意识中来的时候，它已经变成了意识。所以这个潜意识到底以何种心理方式存在，人们不知道。也许潜意识只是某些神经元的某类兴奋，它实际以生理方式存在也未可知。假如某些神经元的兴奋成为主观可觉察的时候，它就是意识，而不为主观所觉察的时候，也许不是以意识的方式存在。如果它为主观所觉察，形成了某种有意识的内容，那么当然还是识神，所以潜意识不是元神。元神是以纯精神方式存在的，纯粹的，没有内容，所以它不是潜意识。潜意识、荣格的集体无意识，都是有内容的。比如说人怕蛇是因为远古的人类老被蛇咬，然后在人类的记忆里，就有怕蛇的潜在反应，这显然是个记忆内容，属于识神而不会是元神。

🐎 4.催眠中回溯的前世，是您说的意识还是元认知？还是另外的哪一种？所呈现的前世记忆属于无限或者有限意识中的一个环节，回溯前世与冥想时过往事实的重现是不是一回事？

催眠中的回溯前世至少有真伪两种可能。一种确实是前世的记忆（尽管前世是否真实存在颇有争议），另外一种只是想象，并非真实的记忆。不管是哪一种，都是识神，不会是元神，也不是元认知。因为它们都是有内容的意识，不是没有内容的意识；它们不是体，而是用，即不是意识之本身，而是意识的作用。不管怎么催眠，怎么冥想，涉及的都是识神，不是元神。

🐎 5.元神是自性吗？

元神可以说就是自性。元神是道家的说法，自性是禅宗的说法，或者说是佛家的说法，这两个概念含义等同。元神，自性，成佛，成道，含义都是一样的。不同的流派，不同的修炼方法，就有了不同的术语，其实最终指向的都是那个无，而实际上称无也并不准确，至少不是与有相对应的那个无。所以在修炼的过程中，没有办法要求概念很准确。进一个门派以后，只能用这个门派的术语，否则没办法交流，然后慢慢体会这些术语的含义，才能够逐渐深入进去。元神、自性，佛家道家的不同术语而已，我认为是一回事。

6. 第八识是藏识吗？是元神吗？

还是阿赖耶识的问题。阿赖耶识，或者说第八识，是有藏识这个别名。藏什么呢？一定是有什么可以藏的藏在那里。那么从理论上说，第八识还是有，而不是无。如果什么都没有，就不用藏了。所以按照我的理解，它还不是元神，还是识神。元神实际上只能用否定词表达，如果用肯定词，它就是有了。所以《心经》上说：不生不灭，不垢不净，不增不减。这就很准确，它没有肯定词，说不出来它是个什么，形不成概念。所以，我说过佛家总是用否定词表达终极境界。元神就是终极境界，也只能用否定词。但是为了传播，道家用元神或者道等术语去表达，元神或道并不是否定词，道家也知道这样表达并不合适，但没办法。所以《清静经》说："吾不知其名，强名曰道"。直接说没办法，只能勉强命名为道。元神也是勉强说的。所以真正修炼的时候，一定要突破语言概念的障碍才行，言语道断嘛，否则就是所知障、口头禅，一定得跳到没有语言的状态才行。

7. 老师，有心神、心识吗？心有意识的功能吗？

这就要看怎么定义心神，怎么定义心识？这些概念的含义是什么，怎么解释？但这一解释一定会把它们解释到心理学上去，解释不到元神上。因为元神就是什么都没有，连解释都没有。有解释其实就是有。有解释，就得用语言解释，语言就是已经有相有形的事物，不是空，不是无，不会是元神。

心神或可以指元神，心识或可以指识神。如果是这个含义，那么心就有意识功能。但这个心是指心脏还是意识，是heart还是mind？我想应该是后者。那么，mind就包括元神与识神，original consciousness 和 cognitive consciousness。

8. 无象思维是不是元神？

理论上也不是。只要是思维，都是有内容的，内容可以无象，但它还是内容。举个例子，这好像还是一本心理学教科书上的例子。你想一个人的名字，想不起来这个名字是什么的时候，你使劲儿想，但脑子里是空的，并没有任何意识映象，也就是意象，这就是在进行无象思维。等你想起来了，蹦出了这个人的名字，脑子里就有象了，出现了文字或声音表象，无象思维就演变成抽象思维或形象思维了。当你还没想起来的时候，为什么也是思维呢？因为虽然意象没有出来，但有意向，你的意识活动是有方向的，是朝那个方向努力的。而且这个意识活动是为了解决特定问题的。因此它是思维活动。思维就是为解决问题而进行的意识努力。但元神连指向都没有，只是意识存在的本体，没有方向。无象思维是有方向的，朝哪个方向想，然后想成有象。它虽然不是有象的识神，但它的意识努力还是指向有象的，所以无象思维还不是元神。

🦌 **9. 所谓万物一体是说所有的元神都是一体的，还是说一致的？**

按道家学说，元神只有一个，是宇宙之元神，不是说万物各自都有一个元神，一共只有一个，但体现于万物。元神是没有边界的，大而无外，小而无内，最小的和最大的，一样。元神也没有时间，无始无终。元神不受时空局限。

🦌 **10. 老师，我们学了这么多智慧，学了这么多心理学，学来学去学到最后，道家或者佛学已经在那个终点等我们了，那我们为什么不从自然的道出发，直接学道家、佛学、古代文化，这样的话不是一种正道吗？**

我认为就个人成长的道路而言，是可以这样做。我就想办个班试试，想讲一些直接进入元神，或者直接进入自性的方法，把这些传统的修炼方法继承一下。不要太长，把直接修炼的方法讲授一下，还想尽量讲得科学一点，现在大家认的是科学思路。虽然元神本身，或者说佛道修炼本身，并不需要任何思路，但在开始的时候，还是得给大家一个思路，要用一种明确的、清晰的语言表达不清晰的内容，看看能不能做成。

11. 老师，我们的元神都是从宇宙来，那出生就是与宇宙的分离，这一生的修炼是不是就是回归宇宙？

我基本上同意。人的出生就是脱离了整体，也可以说是脱离了元神。因此就会有孤独，迷茫和恐惧。人类社会就很有意思，社会的构架就是解决这三个问题的。首先，怎么解决孤独呢？发展各种亲密的人际关系，以此冲淡孤独感。其次，怎么解决迷惘呢？发展科学和文化，尽可能认识这个世界，包括人类世界和自然界。再次，怎么解决恐惧呢？发展外在的宗教或者内在的修炼，解决最终的恐惧。然而，即使有最亲密的关系，人最终也是赤条条的来，赤条条的走，还是有孤独感。再怎么发展科学和文化，人类还是有越来越多的认识不清的事物。把认识比作一个圈，圈内是已知，圈外是未知；随着这个圈的扩大，圈外也越来越大，所以世界永远也认识不完，迷惘不能彻底解决。恐惧呢？即使有了宗教信仰，也不能彻底解决，因为所信仰的事物总在未来，无法确定是否能实现。最终彻底解决这三个基本心理需求的方式，只能是回归整体，也就是通过高水平的内在修炼达成。回到整体之后，没有分离感了，和整体同一了，这三种情绪就无从所来了。这就是天人合一，或者说回归元神，即修炼的目的。

🦌 **12. 老师，您直接带我们体验就好了。**

这个想法有点不对头，我带不了你们，谁也带不了，最终要诸位自己成长才行。天人合一的境界需要每个人自己去修炼，只能自己进入，任何别人都带不了。如果能带，佛陀早就带了，耶稣早就带了，现在满大街的人，应该有一半都是佛才对呀，但这种现象并没有发生，所以没有人能够渡别人，佛也不能。只有自己能回归整体。怎么回归整体呢？你的元神本来就是整体，只不过被你的识神挡住了，只要放下识神，整体就在那里。从这个意义上来说，人从来就没有脱离过整体，只是被遮挡了，只要拨开迷雾，原本就在整体里面。从心理学角度看，只要回到整体，心理就不会有问题。其实，心理问题都是由于迷茫、恐惧和孤独造成。如果没有这三者，不会有什么心理问题。而回到整体，就没有这三者。那么这三者里面，哪个最重要呢？恐惧，这是最基本的负性情绪。《心经》就只说了这一个："菩提萨埵，依般若波罗蜜多故，无有恐惧，远离颠倒梦想，究竟涅槃"。只说了无有恐惧，而没有恐惧，其它胡思乱想就都没有了。故归根结底，最重要的、天生的负性情绪其实就是恐惧。但是如果回到整体，恐惧的情绪真的就不存在了。

13. 无法表达，是不是感受和意识的差距？

我觉得不是。表达不是指感受没办法表达，也不是思想没法表达，而是根本没有表达的内容，它不是感受本身，也不是意识本身，所以还不是感受和意识的差别。

14. 我们成长过程当中，学到了很多知识，但是和自己联结的那些技能，有很多人都失去了，怎样联结，找回自己？

其实只是和自己元神的联结去掉了，就是自己的识神失去了和元神的联结。用这堂课的话来说，或者用上堂课的话来说，就是自己的小我失去了和大我的联结，找到这个联结就是修炼的目的。回到元神，回到大我，回到整体，都行，意思都是一样的。丢掉这个联结才产生了许多问题。如果找回这个联结，其实没有问题。

15. 老师，您不用讲太多科学道理，直接讲怎么修就成。

　　直接讲怎么修，说一句话就行了：stop thinking，就成了。这就是最经典的修法，做到了这句话，就开启了修炼的大门，没有可讲的了。讲道理是没什么用，但是讲课，只能讲道理。修，可以不谈道理，但是讲只能讲道理。为什么口头禅没用呢？为什么上微课不够呢？就是只能讲。所以要开地面课才行，地面课就可以不讲那么多，可以一起坐着，一起修。修是非语言表达的，没有办法在微课里开展。

16. 元神可以理解为识神的哪一部分？本身无内容是空的，但是有识的能力，是这样吗？

　　我刚才说了，元神和识神的关系，就是体和用的关系，工作和不工作的关系，不是谁是谁的一部分。你说它们是一回事也行，意识不工作的时候，静止的待着的时候，就是元神；意识工作起来，有工作有方向的时候，就是识神。有内容和无内容，也是这个意思，不是说两个毫无关联，它们一个是体，一个是用。

17. 刚才提问的同学说，谢谢老师，体用关系明白了。

　　其实元神和识神不仅是体用关系，还可以有很多种关系。可以说你是在体用这个层次上明白了。我想我这么解释你可能就明白，所以就这么说了。但如果别人问，我也可能不这么说，比如可以说它们是有和无的关系、标和本的关系，或者其它关系，别人就从那个层次理解了。元神识神包括各种各样的关系，体用关系是其中之一。

第十讲
传统文化与心理学的不同学习方法

　　古人的思维方式、视角与现代人不一样，要想学好传统的东西，必须回到古人的思维方式、回到古人的世界观上，才能够理解古人的本意，之后也才谈得上发展。

再说明一下，本讲座所说的传统文化，主要指与心理学有关的佛道儒医四家的修炼理论与技术；而心理学主要指与心理咨询与心理治疗有关的理论与技术。标题写不了那么长，就简化了。学习方法问题我觉得非常重要，因为如果用现代的思维方式学习传统文化，其实会很困难。因为古人的想法不是现代人的想法，二者是有差别的。我是学医的，习惯用中西医的学习方法来比较，用纯粹西医的方法学习中医，不可能理解中医的精髓部分。古人的思维方式、视角与现代人不一样，要想学好传统的东西，必须回到古人的思维方式、回到古人的世界观，才能够理解古人的本意，之后也才谈得上发展。

　　现在我来试着说一下传统文化和现代心理咨询的学习方法有什么不同。传统文化的学习方法随着现代科学的普及和进步，已经很少被人重视了，但是它确实是一种不同于现代科学的掌握知识的方法，有其独特价值。

一、学习与觉现

说到学习方法，首先应该探讨学习这两个字的含义。学习实际上是指外在的、从外在把握知识的方法。为什么呢？学习这两个字，分析起来，学，就是模仿，习，就是练习。所以学习这个词的含义就是模仿和练习。而要模仿的话，一定要有个可以模仿的对象，一个能够从外在观察，或者用其它感官能感知到的对象。

如果没有这个模仿的对象，就模仿不了，由于有一个可感知的客观对象是模仿的前提，就决定了学习是从外把握知识的方法。模仿之后，练习、练习、再练习，直至熟练。把模仿与练习加起来，就是学习这个词的含义。但是，传统的文化，特别是传统的修炼，比如说打坐，修习的目的是要达到空。空不是一个可以模仿的对象，没有什么可模仿的。所以学习这个词在传统修炼技术掌握上，是用不上的。

那么传统修炼如何把握呢？为了说明与学习的区别，我攒了一个词，叫"觉现"，即觉察与发现。觉现与学习是两个截然不同的概念。首先，觉察没有事先的对象，要在觉察过程中确定有没有对象，而不是有现成的对象；其次，如果有所发现，被发现的对象总是新出现的，无须练习，也没有刻意的重复。所以觉现既不需要模仿，也不需要练习，与学习完全不是一回事。理论上，学习是模仿，不包含发现，而觉现主要是发现，不包含模仿。佛家说，佛者，觉也，就是说修炼的方法和目标，是加强觉察能力，而不是模仿能力。

现代的心理咨询技术，现代的心理学知识，需要学习，也就是可以先模仿，然后熟练。但是传统的修炼技术、人格修炼是内在的，只能从内在去觉察和发现，而无可模仿。学习与觉现最根本的差别或许是有没有创造性。学习起自模仿，缺乏创造性，但觉现主要是发现，可具原创性。学习学的是二手货，人家已经有了，然后照着模仿。觉现是一手的，是自己发现的现象和事物，不是别人教的。

有一句话说"为学日益，为道日损"，就是说用学习的方法，学的知识越来越多，一点点积累，最后学富五车。但修炼是为道日损，就是越修脑子里堆积的念头越少，损之又损，乃至于无，修到最后，脑子里什么念头都没有，是空白的。所以它们的方向相反，一个是越学越多，一个是越修越少。想想看，如何能用越学越多的方式，达到越修越少的目的呢？所以这个差别非常根本。但这里要做一点说明，修炼过程头脑中堆积的念头越来越少，不是成为白痴，而是会提高效率。修炼的过程相当于把电脑的内存清空，而不是把硬盘清空，所以知识的库存并未减少，只是不占内存。内存里没有垃圾，电脑运行速度就快。以人做比喻，不修炼的人硬盘未必比修炼的人小，但内存垃圾太多，所以思维运行的效率不高。

二、内求与外求

看到很多人学习传统修炼，也像学习心理学那样努力，但效果欠佳，重要的原因之一就是方法不对头。修炼真的不在于你听了多少课，看了多少书，跟了多少班，和这些关系不大。关键在于意识要转向内在，用内求法，去发现自己意识中没有内容的部分，也就是回到意识本身，而不是增加意识的内容。除了修炼之外，其他一切知识，包括心理学，都是从外部获得的，也就是均来自于外求法。

心理学研究的是心理现象，按理说应该用内求法，但是实际上，由于心理学沿用了现代科学的方法论，把心理现象当作客观对象去研究，所以就把内求变成了外求。现代科学实验方法的基本原则，简言之就是可观察，可测量，可重复。首先，要研究的事物一定可以被观察，或者至少可以用感官感知，比如说可以摸到触到。第二它可以被测量，测量就是可以量化。第三是可以重复，每次做的结果要一样。这样的实验结果就可以被大家接受，可以实现标准化。当把这些原则用于心理学研究的时候，就形成了只能去研究那些能够在意识中显现的现象，也就是识神或认知过程。

例如可以观察思维过程和结果，它们形成意识流，显现在意识之中，因此可以做为意识观察的对象。而不能显现在意识之中的元神或意识本体，就被排除在心理学的研究内容之外。如同上一讲所说，意识是否能研究自己？至少在现代心理学研究方法的框架内，由于意识不能自己观察自己、自己显示自己，所以就没有办法实现可观察。

　　而如果没有可观察，可测量、可重复就无从谈起了。所以，心理学虽然研究内在，但由于还是用了研究外在事物的方法，还是外求，也无法在研究意识本体上获得突破。心理现象中确实有可观察的部分，也就是能够显现在意识中的部分，但心理活动不仅仅局限于可观察、可显现的部分。因此，仅仅使用外求法并不能揭示心理活动的深层本质，我认为这是现代心理学发展受局限的一个原因。

　　传统修炼技术对意识的研究侧重于探索意识的本质，也就是侧重于元神而不是识神。修炼过程并不否定识神，也采用借假修真的方法借识神修元神，但其目标始终指向元神。因此探索的方法就不能采用外求法，只能采用内求法，那就是不注重观察意识现象，而是去发现和寻找意识现象从何而来。例如禅宗的参话头，不是理解作为话头那句话的含义，而是去发现那句话从哪儿冒出来。脑子里过了一句话，如果去理解那句话的意思，那不是参话头，是参话尾，因为已经被那句话带走了。要往回看，看那句话之前是什么，才是参话头。而一句话之前是什么呢？其实就是什么都没有，是意识的空白，就是空。由此可以发现那句话是从空里出来的，于是就贴近了意识的源头。传统修练技术的调心，就是去找这个空，去觉察这个空。那句话是意识的对象，去理解那句话是识神的工作方式，而从那句话去溯源元神，意识工作的方向不一样了。意识的这种工作方式在道家就称为"返观"，也就是往回看，与禅宗的参话头是一个意思。识神是探究意识的对象，理解话语，元神是探究意识本身，也就是识神的源头，这句话的源头。

理解话语可以用外求法，探索意识源头就只能内求。所以传统的禅宗修炼，需要静下心来，让念头一个一个飘过，飘过去之后，不去关注念头，而是要看所有念头消失后的背景。如仰望天空，不是要看清片片云朵，而是要体验无垠的晴空。内在体验的传统修炼之路与外在观察的现代科研，一个是从内向外，一个是从外向内，一个观察有，一个体验空。原则上体验可以包括观察，但观察无法包括体验。

内求法也可以用于探求外在事物，它有不同于外求法的视角。举一个中医的例子说明一下。古人诊病讲究望闻问切，要号脉。按现代科学思路，工程人员就想制造一种仪器来检测脉象，就是脉象仪，如此就可以实现号脉的标准化。理论上这个思路没有什么不对，仪器生产出来，大家不就可以有一个统一的标准了吗？但是实际上不那么简单，各种脉象仪到现在为止都没有很成功的。

我觉得有一个重要原因，就是中医所说的脉象，不是纯客观的。中医所要求的脉象，并不是摸到的客观脉搏搏动的形态，而要求的是医生对客观脉博搏动的主观体验，这个主观体验是脉象仪无法提供的。比如说脉象仪触到了一种脉，这个脉的快慢、宽窄、深浅都能够测量的很清楚、很确定，这就等于这个脉象明确了吗？还不等于。为什么呢？因为中医号脉还要看医师对客观脉象的体验，不同的医生对同一个脉象，可能有不同的体验。比如说都是这么快、这么宽的脉，有的医生认为是浮脉，有的医生可能就认为是大脉，这种差别可以认为是医师的个体差异。

　　在现代科学上，这种差异是难被认可的，只认同客观指标，因此断定只有一个是对的，其它均错。但是在中医来说，可以两个或两个以上都是对的，因为中医是四诊合参，还需要看别的指标，比如说舌相，然后还得问诊，还得去辩证，而且四诊与辩证也相互影响，不同的号脉方法可以有不同的结论。比如我所知道的两位名中医，号脉就不一样，有一个只摸脉象的浮中沉，不从脉象中摸脏腑病变，但另一位是通过脉象探查脏腑，比如左手脉是心肝肾，右手脉是肺脾命门，实际上这就是两种不同号脉的方法。

　　如此，同一种客观脉象，两个人摸的完全不一样，中医均认可，且两位名中医均以疗效著称。既然有效，就难以质疑号脉不准。当然中医为什么认可还有很多复杂的因素，与中医理论的整体性有关，这里就不展开了。我只是用这个例子说明，号脉不是要求纯粹的客观脉象，而要求的是对客观脉象的主观体验。而主观体验因人而异，因理论根据不同、临床经验不同而有差别，这在客观上是反应不出来的，也因此脉象仪难以成功。

主观体验不同于客观观察，它通常不能准确表达，更难于标准化。所以学习传统的修炼技术比学习客观的知识要困难。外在的知识容易标准化，但是主观体验连说清楚都不太容易。人的语言概念大都是从客观事物的观察得来的，虽然也有主观体验的成分，但是很少。所以在描述主观体验方面，语言显得很贫乏。

我经常举的例子是，比如说疼，语言表达就一个词，疼。但是仔细去体验，针扎的疼，火烧的疼，抽筋的疼，是同一种感觉吗？根本就不是！实际上针扎的疼和火烧的疼，差别非常大，抽筋的疼又是另外一种感觉，其实是三种不同的事物。内在体验能知道这三种感觉的差别，但诉诸语言的时候，就说不清楚，只能用同一个词。而且反过来说，既然三种不同的感觉都叫疼，那么究竟什么是疼就不知道了，疼这个词根本就没有表达清楚什么。疼如此，痒、麻、酸、胀也一样。酸干脆是用了一个描述味觉的词来说明其它感觉，那个感觉到底是什么，其实根本就没说清楚。

所以表达内在体验是非常难的，远远谈不上准确，标准化更无从谈起。修炼过程全都是内在体验，所以修炼的教学需要师生在一起经常交流，反复说明，反复切磋，乃至朝夕相处，才有可能深刻地相互了解一个修炼术语究竟表达的是什么。为什么内在的体验难表达呢？因为看不见摸不着。外在的体验表达容易是因为可见。如果不理解，看看就行了。比如说一块手表，我给别人讲什么是手表，如果他不理解，我就拿出块手表给他看看，他马上就懂了。但是讲内在体验就不一样了，我说抽筋的疼是怎么回事，拿不出这个疼给他看，只能是他也抽过筋，我就跟他说，就跟那个疼差不多。但是实际上，他抽筋的感觉，和我抽筋的感觉还未必完全一样。

所以想把内在体验表达清楚，是非常困难的事，只能够通过长期的接触交流，才能够逐渐理解双方说的概念的含义。内求法和外求法的重要差别，首先就是内求的概念不可能很清晰，也不可能标准。外求的概念可以清晰，可以标准，内求不行。所以用外求的标准化概念，来要求内求，根本就做不到。内求的概念就是模糊的，没办法。这也确实给学习造成了非常大的困难。

比如说不同的人看佛经，都读这同一句话"应无所住而生其心"，理解起来可以千差万别。这个理解不但和文化程度、知识积累和生活阅历有关系，还和修炼的程度有关系。修炼的程度深，理解就深；修炼的程度浅，理解就浅。这句话说的是一种修炼境界，如果没修到那里，就理解不到，只能说认识那些字。所以佛经道藏都需要反复读。修炼境界深的时候和修炼境界浅的时候，同样一句话，理解到的根本就不是一回事。这和学习外在的事物完全不同，外在事物作为学习对象是不变的。

所以不能用学习外求法的方式，去学习内求法，也不可能要求教内求法的老师，给你一个标准无误的概念，这是不可能的。在学习传统文化的时候，在这个意义上，需要把学习现代心理学的那些方法抛开，重新打鼓另开张才行。否则学不到，进不去，不知道说的是怎么回事。

内求与外求，放到起点上，也就是放在感知事物的操作方式上，可以说是体验和观察的区别。内求是体验，外求是观察，体验和观察其实不能同时进行，体验的时候不能观察，观察的时候不能体验。例如品尝冰激凌滋味的时候就不能观察冰激凌的色泽。尽管这两种操作可以同时进行，但个体的意识在一个片刻只能完成其中之一。进一步，体验的时候不能思考，观察的时候不能感受，这就是发展感性还是理性的差别了。

观察带有理性，体验只是感性。进入感性还是进入理性，二者差别非常大，且实际上不能并存，必有一个为主，另外一个只能做陪衬，而且那个陪衬很可能非常的小。比如说在仔细地品尝一款新的冰淇淋的味道时，思维活动几乎是停止的。品味结束了，要把它表达成语言的时候，才开始思考。品味的时候，语言是不在的。人们常常说，恋爱过程中的人智商等于零。那个时候完全是感性主宰，理性根本不起作用，等到理性完全起作用的时候，基本可以断定，爱情已经大体过去了，或许已经演化成亲情或其它了。

理性和感性就是有冲突，鱼和熊掌真的不可兼得。感性可以完全封住理性，理性可以完全扫除感性，所以这两者要找到平衡才好，但这有难度。内求和外求也一样，不是说不要外求，也不是说不要内求，两者平衡才好。但是现代科学基本上没有内求法，包括现代的心理学，内求的成分也很少。但是古人并不是不懂外求，外求的思路也有，例如古代发明的种种技术。但古人的外求法比较简单，因为没有那么多现代科学的仪器设备可以去放大缩小，放远拉近，所以无法与今人相比。但是今人基本不懂古人的内求法，连这个思路都没有。

要是你有志于完全探求外部世界，不懂内求法也就算了，也能活得挺好。但是如果你想要学习传统文化，回到传统中来，学习传统的心理治疗技术，必须懂得内求法、采用内求法，否则是学不到的。所以想学修炼技术的人，想走向内在的人，一定得学会内求法才行。

三、整体与个体

什么是个体大家都很清楚，现代心理学讲的非常清楚，讲个性，讲人格，都是讲个体的。但什么是整体？现代心理学包括现代科学，都未必清楚。这里说的整体，不是现代科学的整体，是传统文化的整体。传统文化的整体和现代科学的整体有差别。差别在哪儿呢？现代科学的整体，是指客观观察到的整体，而传统文化的整体，是指主客合一的整体。这两个整体差别非常大。

外在观察的整体，这个很好说，比如看见一辆汽车停在那儿，就知道一辆车的整体是什么样了。然后看那辆车的轮子，就知道轮子是车的一个部分。整体是整辆车，轮子、车门、玻璃，是车的各个部分。如果看到停车场里面有五十辆车，从高处往下看到这五十辆车，是这个停车场的整体；而每一辆车，五十辆车里的每一辆车，都是个体。人们既可以看每一辆车，也可以看五十辆车的整体，这就是整体和个体的差别。

这个整体和个体都是客观的，一辆车也是客观的，五十辆车也是客观的，停车场的整体是客观的，停车场里的一辆车，也是客观的。所以这个整体是客观的整体和个体，也就是现代科学的整体、个体。但是主客合一的整体，现代科学没有这样的概念，也没有办法有。因为主客合一不可观察。如果能被观察，那就不是主客合一了，不是天人合一了。主客合一意味着没有主也没有客，因此不可能有客观的对象，不可能有一个可以被观察的对象，只能是混沌状态，只能是无的状态。如果是有的状态，那就不对了，那就是一分为二了，不是一了。此外，有必须是客观观察到的，如果没被观察到，就是无，对吧？这么说还是不容易说清楚，因为主客合一的状态，本来就是说不太清楚。内求法的内容，不是用语言能够清楚表达的。

记得有一次，我应邀到某著名大学的研究生院去讲一次方法论的课，就讲这个整体和客体的问题。我说我现在给大家一个概念，就是主客合一的整体，也就是包括观察者在内的整体，终极的整体，不是在观察者之外的整体。这个整体应该是什么样子呢？首先，它第一个标准，应该是没有边界。如果一个事物有边界，它就不会是终极的整体。如果有边界，那么就会问到边界之外是什么，而如果还有边界之外的话，它就不是终极的整体，只是整体的一个部分、一个局部，或者说，还是一个客观的整体、一个没有包括观察者在内的整体。对此说法大家认可。然后我再说，没有边界的事物只能是无，对吗？这回大家愣住了。有的事物一定有边界，既然是有的话，不管有多大，肯定有个边界。只有无才可以没有边界，因此，终极的整体、没有主客的整体就是无。这样一推论，大家又觉得没有办法反驳，可是又觉得，怎么整体就会变成无呢？觉得不可接受。但是实际上就是这样，真正终极的整体，它只能是无。

这个终级的无，还包括两层意思：一层是没有外在的边界，还有一层就是没有主客的分界，即观察者必须也在里边，才是终极的整体。如果观察者没有被包括在整体里面，这个整体还是一部分。我说的终极整体的意思是天人合一，整个宇宙是一个整体。那么观察者当然在宇宙里面，如果不在里面，在外面，那怎么会是终极整体呢？而这个包括观察者在内的整体，科学研究里是没有的，是不包含的，也没办法包含。因为这样一来全都是无了，没什么可研究的了。科学研究必须有一个对象，一个可被观察的对象，所以它一定不会是一，它只能是二。这就是传统文化的整体观和现代科学的整体观非常不同的地方。

修炼修什么？就是要修到主客合一的整体。修到一个客观的整体还不行。修的过程中会经常碰到这种情况：以为合一了，其实没有。那个一必须包括自己在内。比如你觉得你已经合一了，我就表示怀疑。如果真的合一了，没有什么觉得不觉得的，你就是一，而不是你觉得是一。如果你觉得是一，那还是二，因为你和你觉得的事物不是同一个。当然这里也有语言表达的问题，一的状态本质上不可表达，一说就错，因为说就是二了。这个一也比较难体验。可以这么说，如果你体验到你合一了，这是小我的一，你不知道你合一的那个一，才是大我的一。我这么说其实很不清楚，但没办法，一是不可描述的，它只能进入。

《道德经》的表述比较准确："恍兮惚兮，其中有精"。恍兮惚兮可不是不清不楚，恍兮惚兮可以非常清晰，我认为它这个表述就是没有边界，没有主客，因此也就没有时空，因为时空一定是有边界才有的。主客、边界没有了，上下六合就没有了，时空也并不存在。那个境界才是终极的境界，也才是终极的整体，或者说，终极的一。

四、物象与意象

传统文化的修炼用具象思维，运行的媒介是物象。日常生活工作的抽象与形象思维，运行的媒介是意象。意象这个词，大体上相当于心理学所说的表象包括抽象思维的符号表象与形象思维的感觉表象。意象也就是意识流的内容，其本质是意识活动的映像。意识认知过程的起始就是反映，意识反映活动所形成的像就是映像，或称意象。与意象相对的就是物象。意象是反映的像，是影像，物象是实际事物的像，是实像。

从佛学角度看，意识流不过是连续不断的影像，并不是实际景象，所以属虚相，而禅定境界中"直心是道场"的像就是实际事物本身的像，故属实相。这个逻辑与现代心理学的表述相反。

比如就心理现象而言，心理学认为意识流是实的，没有意识内容的空才是虚的。但是传统文化的修炼认为，那个空是实的，因为它不是映像或意象，不是影子，而是空这个事物本身。映像或意象才是虚的，它们只是些事物的影子。例如闭上眼睛脑海里出现的概念或形象、声音表象，都不是所反映的事物本身，只是它们抽象或形象的影像。

看到一只手表后闭上眼睛，脑海中浮现一个手表的形象，可以很清楚，但是它并不是手表本身对不对？所以佛家就认为脑海中这个手表的形象是虚相，不是实相。什么是实相呢？睁眼看见手表那个相，叫实相，也就是具象思维的物象，事物本身的像。脑海中的那些都是虚相。

传统文化的这些认识直接指导练功，而且对心理咨询与心理治疗也有作用。练功的时候不是闭着眼睛吗？闭着眼睛的时候，脑海里过的所有东西，整个意识流，都是虚相。都是事物的各种表象，都不是事物本身。从练功角度看，它们都是杂念，都是虚相，都应该舍弃。也从这个角度看，心理冲突、心理疾患都是虚相和虚相打架，完全可以舍弃。因为那些冲突都是想象的虚相，并没有实相呀！

比如说你现在心里想到一个室友，你和他矛盾很深，很想和他打架，脑子里越想越生气，恨不得骂出来。但这些都是你想象的呀，在现实生活里，这些事情并没有发生，但是你现在气呼呼的，对不对？按佛学的观点说，你傻不傻，头脑里虚相和虚相打架，还弄得自己很生气，这不都是虚的吗？完全不是实的呀，生活里这事没发生，你何必生这个气呢？如果用精神分析，可以分析出很多内容，潜意识、防御机制什么的，一大堆理论。但是佛学不说那些，只说它们都是虚相，别拿它们当真就完了。不是实际发生的事情，管它干嘛？不要自找苦吃。

闭目打坐的时候，脑海中的一切念头都是虚相，这没有问题，确凿无疑。但有一个事物是实相，是什么呢？就是停止这些虚相之后，剩下的那个空。这个空在打坐的时候，它是实的。它不是映像，而是存在本身，是意识的本体。所以佛学就认为，那个是实相。

那么修炼修什么呢？修回到意识的真实存在那儿去，那里是什么呢？是空啊！空是真实的存在，不是空的意象，而是空的本体。修到空本身就到家了。佛学意识的空是实的，所想的那些事物，所有的意识流，包括潜意识、集体无意识什么的，全是虚的，都只是影子、映像。要想回到真正的心灵之家，不要理会那些虚相。所以，当这个思路用在心理咨询与心理治疗中时，就像我说的那样，不解决你的心理问题，不管那些虚相的事儿，只把你带到实相，让你待着，也就是只把你带到空，让你待在那儿。所以传统文化的治疗思路和心理学不是一回事。不在虚相上做文章，不在意象上做文章，只在实相上做文章，只在空、在意识的源头、在意识的本体存在上做文章。这既是实相和虚相的区别，也是物象和意象的区别。

五、Thinking 与 Stop thinking

所有的心理学都是 thinking，不管哪个流派，无论是行为是家庭还是精分或是其它，一直都是在意识的 thinking 状态工作，各种各样的 thinking 过程，各种各样 thinking 的冲突，各种各样 thinking 的来源，各种各样 thinking 的结果。总之，各个流派都是在分析与处理 thinking 的冲突及其来龙去脉。Thinking 本身就是心理学的内容，就是心理学研究的意识现象。

如前所述，从佛学的认识角度看，心理学都是在处理虚相，不是实相，所以心理学就是所有虚相的总和。传统的修炼技术则不然，是要把thinking扔开，回到没有thinking时候的意识状态，也就是要处理实相。如果一直thinking，那就还是在心理领域，如果stop thinking，那就开始转向传统修炼了。这个分界非常清楚，很容易分辨。

有人说stop thinking很难，其实没有那么难，当然也并不容易。要知道thinking是后天习得的，在娘胎里的时候，胎儿不会thinking。thinking是出生后逐渐学习来的。从思维发生学看，婴儿只有具象思维，就是直观动作思维、感觉思维，三四岁的时候开始有形象思维，十来岁的时候才开始形成抽象思维。

所以thinking是从无到有，一点一点学出来的。它是一个养成的习惯，是意识在与外界打交道的过程中逐渐形成的一种习惯，不是与生俱来的。因此要回到stop thinking，其实就是返归先天，回到胎儿没有thinking的状态。这就是为什么道家佛家都说是往回修。道家不是说：专气致柔，能婴儿乎？能像婴儿那样吗？正因为thinking是后天培养的习惯，所以可以用后天培养的方法把它消掉。如果thinking是先天的，可能就做不到了。把一个习惯打消，无非是培养另外一个习惯而已。把thinking去掉就是把头脑中所有内容都扔下，或者说扔下所有的意象。

扔来扔去扔到最后，会有一个扔不动的时候，发现有些东西是扔不掉的。那个扔不掉的就是先天的，那是什么呢？那就是意识的空白状态。再怎么扔，也扔不掉那个空白。因为那个空白不是后天得到的，不是习得的，不是意象，而是意识本身、本体，是先天的。能扔掉的是意象，扔不掉的是本体。

　　所以只要把意象都扔掉，剩下的就是先天，这也就是 stop thinking 的结果。但是心理学领域已经非常习惯 thinking 了，所有的学习，所有的听课，所有的读书，都是在 thinking，都是用抽象、形象思维在反复的学习，而 thinking 的技术越来越熟练、越来越高超，就意味着离 stop thinking 越来越远。所以学习传统修炼技术和学习心理咨询的方法完全不是一回事，需要完全脱胎换骨，换一种思维方式，换一种掌握方式，达到一个完全不同的地方。这确实有些难度，意识得会转向才行，掉头才行。这个掉头对于许多人来说，是一件很困难的事。但只要明白了这个道理，掉头也并非高不可攀。

　　初学修炼，往往都是骑驴找驴，就是用 thinking 拼命去找 stop thinking，这样可能找得到吗？当然不可能。拼命去找的时候，只有 thinking，哪会有 stop thinking 呢？而不找的时候，就是 stop thinking，不是倏然就回到意识本身了吗？这就是放下屠刀，立地成佛呀！所以这不能说有多难，应该说这是世界上最容易的事。所谓困难，应该说是复杂性、艰巨性，或者茫然性，就是完全摸不着头脑。

但是stop thinking既不复杂，也不艰巨，而且清清楚楚。它就是什么都不做，怎么能说困难呢？它应该不是困难，而是太简单、太简单了，是最简单的事情。大道至简，为学日增，为道日损，损之又损，乃至于无。就是扔了再扔，直到没什么可扔的了，扔没了就是。初学者就是舍不得扔，扔下其实就行了，真的不是太难的事，只是一个思维方式的转换问题。只要明白这一点，思维一掉头，立刻就能到，这就是顿悟。要是有顿悟的本事，那就是禅宗。如果没有顿悟的本事，那就一点点来，按照四禅八定的阶梯，一截一截往上升，也行。总之，慢慢扔也行，即刻扔也行，最终的方向和目的是同一个：完全扔干净。

今天讲了传统文化与心理学在学习方法上的五个不同：学习和觉现，内求和外求，整体和个体，物象和意像thinking和stop thinking。希望对大家今后的学习能够有所帮助。

六、问答

1. 既然分析虚相是无用的，那学习心理学是不是就是无意义的？

真的不能这么说。这是两种不同的思路，可以相互有所借鉴，但并不能互相取代。心理学是以有解决有，所以分析虚相对它来说是有意义的。传统文化是用无解决有，方式与目标不同于心理学。心理学解决的永远是具体问题，生活中的问题，而传统文化解决的是终极问题，是境界的变化，是到达没有问题的地方。心理学是就问题解决问题，就是在意象间打架嘛，是意象间关系的协调。这用来解决具体问题是可以的，但是到不了终极境界也是肯定的。在这个意义上，我认为传统文化达到的心理境界比心理学要深入和深刻。二者有差别，但不能说心理学没用，它很有用，在解决具体问题上，它很有用。且现实生活中的人们，关心终极问题解决的并非多数。

🐎 **2. 一直思考一个问题，等到思考不动了，不去思考了，答案反而自然出现，这算是无吗？感觉更像是潜意识运作，老师说的追寻无的过程，好像就和动机有关。**

这个理解好像不太对头。一直思考就一直不是无，无是 stop thinking，是停止思考。思考不动那是累了，但意识还是在思考的维度或层次上。就好像开车时挂的不是空档，挂的是四档，然后开着开着没油了，但还是在四档上挂着啊。一直思考就是根本没挂空档，根本就不去思考才是挂了空档。而只有从不去思考开始修炼，才能深入。另外，你说追寻无的过程像潜意识运作，也有动机，我觉得 stop thinking 和动机没关系。意识停止运作，哪儿有动机啊？

3. 老师，如果追求的目的是回到大我，那用心理学理论
   与方法，比如被分析，心理创伤，发掘潜意识等等，岂
   不是背道而驰？

如果想要回到大我，现代心理学的方法是背道而驰，用
不着。所以我说小我修得再好，与修成大我也没有直接关系。
不是一条路，不是同一个方向。我为什么觉得学心理学的人
反而学修炼难，就和这个原因有关系。他们在thinking的路
上走的太熟了，轻车熟路，让他们stop thinking，他们勒不住
缰绳，停不下马，停不下来呀。完全没学过心理学的人，倒
反而容易点，比较容易理解stop thinking。学心理学的人通常
都有很多理论，说的头头是道，也非常有道理，但是和stop
thinking没关系。

4. 如果说创伤是回归自我的障碍，那怎样用传统文化解
   决生命的创伤问题？

这个问题很多人都以各种各样的方式问到过，核心就是
用大我如何解决生活中的问题。其实，回到大我的时候个体
的人格更为坚强，这虽然并不直接解决生活中的问题，但人
格强大了，问题就可以被藐视、被处理。所以回到大我的时

候，小我也同样会被加强。虽然小我影响不了大我，但大我可以影响小我。按照中医的观点，人的生命里有阴有阳，阳气旺的人，人格力量就比较强大，就比较有能力抵御各种各样的创伤和修复过去的创伤。如果阳气弱，人格力量就比较弱小，就缺少抵御和修复创伤的力量。大我可以直接加强人格力量，这就赋予了小我抵御和处理创伤的能力。

我一直有这个看法：很多现代心理学的方法，聚焦的是修复创伤与问题，而没有聚焦加强来访者人格的力量。这里的人格力量还不是心理治疗里说的资源，那个资源指的是可以用于对抗或化解创伤的具体心理意象或内容，而人格力量是指更本质的心理能量，是人格的强度而并非具体内容。比如原来的人格强度如铁，修炼之后的人格强度如钢，内容并没有变化，但强度大大增加，抵御和修复创伤的能力自然也大大增加。这个增加会自然修复许多创伤，而不用去一个一个解决。我不知道大家是不是能够体会和理解这种力量，但如果你修炼过就会知道，确实就是这样。你真正坐定了，心安了，创伤还是问题吗？安下心来，所有的问题都会放下，不用去一个一个解决。如果心安不下来，解决也很费劲。用心理学的思路很难理解传统文化的思路，角度就是不一样。

之前讲的提高水温的方法、回归到空的方法，都是在提升人格本质的力量，也就是加强阳气，加强正气。这个力量强了以后，会自动去修复创伤，而且会觉得那些不算什么，甚至不需要去解决它们。因为正气强了以后，它自然就会消失。就好像灯一开，黑暗自然就没有了，不需要去对抗这个黑暗。海水的水温高了以后，冰山也自然会融化。传统文化与现代科学包括现代心理学的哲学思路就不一样，传统文化提升人格档次、人格力量，现代科学和心理学解决具体问题。

5. 既然什么都不想，stop thinking 就到大我，那咨询还有什么意义呢？

人们已经太习惯thinking了，马上做stop thinking，绝大多数人做不到，需要有过渡。移空技术就是用心理咨询的办法，一步一步帮助来访者回到大我，回到stop thinking。如果能在stop thinking里待住了，就能够解决问题。这就是把传统与现代结合起来，从现代开辟一条回到传统的路。回到传统不是回到过去，而是回到心灵的更深处、源头。我用的是心理学方法，但是我的目标不只是解决具体问题，而是要回到大我。从临床的实践看，移空技术是有效的，不但可以解决具体问题，而且可以提高人格的力量。目前移空技术还只是第一阶段，可以说主要是移走冰山，还没有聚焦提高水温，所以移空技术还可以再发展。我的想法就是把传统文化中修练技术的优势和优点发掘出来，与现代的心理学技术相结合，找到通向人类心灵更深层次的办法，并且用这个办法也可以解决现实的心理问题。

🐎 6. Stop thinking 的状态可以描述一下吗？

Stop thinking 没什么可描述的，停止思考就是了。停止下来就不能描述了，因为一描述，又是 thinking。其状态难于用语言表达，因为所有的语言都是 thinking。Stop thinking 也就等于 stop 语言。如果没有了语言，用什么表达呢？因此 Stop thinking 没有什么内容可表达，也没有可以表达的形式。不是不想表达，不是保密，也不是神秘，它就是那个样子。

🐎 7. 老师，如果有了或者帮助别人得到了更强大的能量链接，所有的生命问题都可以解决，正是因为生命能量弱，所以才会有很多心理问题产生，对吗？

大体这样说可以，但解决问题是有限度的，是指日常生活中的一般性问题。如果地震了，天塌地陷的问题能解决吗？显然不能。在日常生活中，个体的生命能量弱，就容易受到各种各样的干扰，不管是生理的还是心理的。如果生命能量强，抗干扰的能力就强。而如果接通了更广泛的能量，比如说接通了社会的能量，宇宙的能量，个体的力量就大，就可以解决自己和别人的问题。心理咨询就相当于接通了社会的能量，人群的能量。而传统文化的修炼，接通的应该说是宇宙自然的能量，所以它的力量理论上来说，比心理咨询要大一些，也更深一些。人们可能觉得社会的、人与人之间的能量沟通比较容易理解，沟通宇宙能量就不太容易理解。我在之前的讲座中说过，人的存在分三个层次，一个是生物学层次，那就是人的本能，食色性也，受本能能量的支配。一个是社会学层次，社会能量支配的就是人际关系互动，心理咨询很典型的属于这一层。而宇宙能量是人的存在本身的能量，不是前两个，不是生物学的，也不是社会学的，而是人作为宇宙中的一个组分的能量。个体不是地球上的一个人吗？不是地球上的一个生物吗？不是整个宇宙的一个生物吗？个体和整个宇宙是联结的，就这个能量，所以它更深一些，更广一些，当然沟通起来也更难一些。

🐎 8. 老师，刚才说思考不动，就是累了，那也不一定是累了，就是没头绪了，打坐时也会有扔不动的时候，那是累的吗？

这两者不同。打坐的时候，应该是已经扔完了，不是扔不动，而是已经没什么可扔的了，所以意识不会累。但是思考疲倦了是另外一回事，是意识工作太久了，累了，想不动了。由于打坐根本就不起念，所以没有意识活动的累这一说，要是累，那就是身体累了，可以睡觉，但不是意识累。

（图）9. 练功笔记好像没有什么可写的，应该记些什么内容呢？

练功笔记不是记录空的境界，那是没有办法描述的，而是记录进入空的过程，记怎么进去的。进入空的过程中的意识活动应该越来越少，要记录下来是如何减少的。这个笔记首先是给自己看的，记下来就需要整理成书面语言，就需要思考如何表达才更准确。这是使自己确切把握练功境界的重要方法。然后也是给老师看的，老师看了以后才可能有的放矢地给与指导。最后是给同修们看的，通过交换阅读练功笔记，大家才可能形成相互都理解的工作语言。

这里我稍微展开一些，谈谈工作语言的建立和开班问题。需要建立相互都理解的工作语言是修炼界乃至中医界形成师带徒关系的重要因素之一。师带徒是一种紧密的联系，经常要做交流，不清楚的概念会反复被讨论，所以逐渐就有了可以有效交流的词汇和句子。也因为如此，不同的修炼学派就形成了不同的语言。比如道家和佛家，修炼的内容其实基本一样，但是一个用道家的语言表达，一个用佛家的语言表达。为什么呢？就是因为学的时候，这一圈的人用一套语言表达，那一圈人用另一套语言表达。同一个圈子里的人都彼此互相理解，但圈子之外的人互相理解就难了，于是就形成了不同的流派。我办的静功班要求学员每周必须写一次笔记，而且要求五百字以上，要求写练功的具体过程。按我的经验，建立有效工作语言大概至少得半年才行。而如果不写笔记，根本就建立不起来。

10. 打坐的时候还是会起念头的，脑子里不会什么都没有吧？不起念头是不是修炼成功的结果？

打坐的时候就是要不起念头才行。脑子里不会什么都没有吧？当然会了，可以什么都没有。不起念头是修炼成功的结果吗？不是。不起念头离修成还远着呢。空也有不同的层次，不起念头，只是最简单的，最粗浅的空的层次。从这空往里走，有更空，有再空，有完全空，很多很多层次在里面。四禅八定都是已经空了，都是已经不起念了，尤其是四空定，已经完全不起念了，但是还有好多层次在里面。这个只有修了才知道，口头说是知道不了的。

11. 老师，请问有和无的关系能否比喻成生产产品的机器和产品的关系，产品相当于有，机器相当于无，我们很多时候都执着于有，相当于只看产品，而要达到无，就是要成为机器，可以这么理解吗？

你这么理解没有什么不可以啊。如果你觉得这个比喻能帮助你理解空，那就行。其实怎么理解都行，没有什么绝对的对与错。但是机器肯定还是有。无实际上是一种没有对象的状态，肯定不会有什么机器。所以这个比喻如果能够帮助你理解空，你就用。但是最后一定要明白，任何比喻都没用，任何比喻都仅仅是比喻，不是实际，还是虚相，不是实相。真的空的实相，直接就是，没办法比喻。

12. 修行对身体健康有益吗?

当然了。修行对心身健康有益，不仅仅是身体健康，还包括心理健康。因为从修行的角度看，心身是一体的，心理健康和身体健康并不是分开的。或者说，生理健康和心理健康，都是同一种生命能量的丰盈。

13. Stop thinking 可以理解为空吗?

我觉得从thinking到stop thinking，是从有到空的转型，stop thinking只能说是转型到空的开始。如刚才所说，空有不同的层次，stop thinking可以说是最初级的层次。

14. 老师，空，如果换一个具体一些的词，比较接近的是什么?

无。

15. 老师，如果传统文化修炼好了，现代心理学的方法就没啥用了，是吗？前者是解决树根的问题，后者只解决了枝叶问题。

不能这么说。传统文化的修炼解决的是终极问题，现代心理咨询和治疗解决的是生活中的现实问题。为什么现代心理学一直用着、发展着呢？因为只有不多的人能够触及到终极问题，能够有解决终极问题的追求，大部分人解决生活中的现实问题就行了。所以现代心理学有很大用场，传统文化还没那么大用场。再说一遍，真正想理解终极意义、真正想解决终极问题的人并不多，自古以来就是少数，现在也不是多数。所以心理学很有用，完全不是没用。当然，传统文化更深刻一些。真正能修行的人，永远是非常少的。所以，心理学解决的是大多数人的问题，传统文化的修炼解决的是很少数人的问题。

16. 老师，有一次我体验到待在失望里的感觉，我感觉全身都没有了，只有失望的情绪，这是空吗？而且，的确，失望慢慢没有了，没有之后整个人的感觉都好了。

我觉得你到的那个状态，有一点空的意思，但还不是真正的空。你有一个描述是正确的，就是体验到了待在失望里的感觉。这个方法很对。有了消极情绪之后别躲开，进去，进到里面去，等它自行消退，这是一种有效的方法。真的深入到任何一种情绪里边，不管是正面的，还是负面的，进去，等着，它就会慢慢消退，这是真的。但是这个状态和空还是有差距。情绪就是有，不是空。待在情绪里面，其实是待在有里面。

17. 老师，您刚刚说的，修行是体验而不是学习，那么儒家得要学那么多四书五经的内容和含义，那么是学习还是修行呢？

当然，我这个讲座比较强调修行，重点谈学习和体验的区别，但不是不要学习。你知道儒生要怎么做吗？儒生的理想是半日读书，半日静坐呀！你说的是前一半，我强调的是后一半。儒家不是光学礼仪、光学四书五经就行。还得修齐治平嘛，修身齐家治国平天下，首先是修身呀。而且儒家是入世的修炼，和佛家道家不一样。所以儒家有儒家的追求，修习方法和佛家道家是有些差别的。它基本上也不解决终极问题，它比较入世。但是即使这样，半日读书，半日静坐，仍是儒家的理想，并非只是读书。

18. 修行是不是对年龄大一点的人才有意义呢？

年龄太小了确实有点难。但是我觉得人的需要不同，和年龄不完全成正比。有的人就是需要活的明白，就是想活的究竟，想知道自己到底为什么活着，这个追求特别强烈，那么就会想修行，想学习传统文化。很多人没有这种追求，只想把现在的日子过好点，这和修炼就没有什么关系。所以修炼与否和年龄不一定成正比。但是，太小了，完全没有社会阅历，恐怕也不行。同样，太老了，也不行，修不动了。所以，我觉得中年是介入修行的好年龄。

🐴 **19. 老师，请问中医的中，是不是也是宇宙合一的整体？致中和的中怎样理解？**

中医的中，倒不一定是这个意思，它说的就是中国医学，中华医学。致中和的中，倒是有整体合一的意思。"中也者，天下之大本也"，也就是天人合一之本。或者用你的话说，宇宙合一的整体。

今天这课我就讲到这儿，这是咱们的最后一课。非常感谢大家收听这个传统文化和心理咨询十讲的心理微课。今天终于讲完了，我如释重负，希望大家能够有所收获。我就这点水平，已经很尽力了。凡讲得不正确、不周到之处，也希望大家理解和谅解。谢谢大家！希望以后还有机会一起学习。

图书在版编目（CIP）数据

当心理咨询遇上传统文化/刘天君著. —北京：中华书局，
2019. 5（2024. 11 重印）
ISBN 978-7-101-13761-3

Ⅰ. 当…　Ⅱ. 刘…　Ⅲ. 中华文化-关系-心理学-研究
Ⅳ. ①G122②B84

中国版本图书馆 CIP 数据核字（2019）第 022112 号

书　　　名	当心理咨询遇上传统文化
著　　　者	刘天君
策划编辑	祝安顺　任洁华
责任编辑	杨　帆
封面设计	刘　麦
责任印制	管　斌
出版发行	中华书局
	（北京市丰台区太平桥西里 38 号　100073）
	http://www.zhbc.com.cn
	E-mail:zhbc@zhbc.com.cn
印　　刷	天津善印科技有限公司
版　　次	2019 年 5 月第 1 版
	2024 年 11 月第 4 次印刷
规　　格	开本/880×1230 毫米　1/32
	印张 11½　插页 2　字数 160 千字
印　　数	8201-9700 册
国际书号	ISBN 978-7-101-13761-3
定　　价	46.00 元